Anat Avitzur   Sylvie Blakeley-Dejy   Elsa Michaël

Université York
Collège universitaire Glendon

pause-café

Niveau intermédiaire

méthode de français

MODULO

Nous reconnaissons l'aide financière du gouvernement du Canada par l'entremise du Programme d'Aide au Développement de l'Industrie de l'Édition (PADIÉ) pour nos activités d'édition.

Catalogage avant publication de Bibliothèque et Archives nationales du Québec et Bibliothèque et Archives Canada

Avitzur, Anat, 1959-

    Pause-café: méthode de français, niveau intermédiaire

    Doit être acc. d'un disque son.

    Comprend des réf. bibliogr.

    ISBN 978-2-89593-861-3

    1. Français (Langue) - Manuels pour allophones. 2. Français (Langue) - Français parlé. 3. Français (Langue) - Français écrit. I. Dejy-Blakeley, Sylvie, 1959- . II. Michaël, Elsa, 1966- . III. Titre.

PC2128.A942 2007   448.2'4   C2007-941946-1

Équipe de production

Éditeur : Sylvain Garneau
Chargée de projet : Renée Théorêt
Révision linguistique : Monique Tanguay
Correction d'épreuves : Isabelle Canarelli, Monique Tanguay
Typographie et montage : Pige communication
Maquette et couverture : Marguerite Gouin
Illustrations : Lisanne Gagnon

Pause-café niveau intermédiaire. Méthode de français

© Groupe Modulo, 2007
233, avenue Dunbar
Mont-Royal (Québec)
Canada H3P 2H4
Téléphone : 514 738-9818 / 1 888 738-9818
Télécopieur : 514 738-5838 / 1 888 273-5247
Site Internet : www.groupemodulo.com

Dépôt légal - Bibliothèque et Archives nationales du Québec, 2007
Bibliothèque et Archives Canada, 2007
ISBN 978-2-89593-861-3

Imprimé au Canada
2 3 4 5 13 12 11 10

AVANT-PROPOS

Pause-café niveau intermédiaire propose la même approche communicative et le même dynamisme pédagogique que *Pause-café* niveau débutant.

Pause-café niveau intermédiaire est une méthode destinée à un public d'adultes et de jeunes adultes de niveau intermédiaire en français langue seconde ou langue étrangère.

- En milieu universitaire, la méthode couvre un an d'enseignement.

- En formation continue ou en cours intensif, le parcours correspond à six mois d'apprentissage.

▐ OBJECTIF

Pause-café vise à amener les apprenants à un niveau intermédiaire-avancé de compétence communicative orale et écrite.

▐ STRUCTURE DE *PAUSE-CAFÉ NIVEAU INTERMÉDIAIRE*

Huit modules

Aperçu d'un module

La première page présente les objectifs à atteindre et le contenu des différentes rubriques du module : «Apprenez de nouveaux mots», «Observez et employez les structures», «Découvrez…», «Écoutez», «Prononcez», «Échangez», «Rédigez» et «Rappel grammatical».

«Textes déclencheurs»

Chaque module commence par un document déclencheur (extrait d'un roman, extrait d'une émission de radio, dialogue, résultat d'une enquête, bande dessinée, etc.) qui introduit les nouveaux éléments linguistiques et sociolinguistiques. À ces documents variés choisis en fonction des situations de communication se rattachent également des activités de compréhension et des activités d'expression. Tous les documents déclencheurs oraux et écrits reflètent les préoccupations de la société moderne (les rapports humains, l'environnement, la santé, les nouvelles technologies, les arts, etc.).

«Apprenez de nouveaux mots»

La rubrique «Apprenez de nouveaux mots» reprend la thématique des textes déclencheurs. L'apprenant se familiarise avec ces mots en les utilisant dans une pluralité d'exercices. Ce travail facilite la mémorisation et prépare l'apprenant à la réutilisation du lexique à l'oral et à l'écrit.

«Observez et employez les structures»

La grammaire est présentée d'une manière claire afin de permettre aux apprenants d'accéder le plus rapidement possible aux outils communicatifs traités.

Trois ou quatre points de grammaire ont été choisis en fonction des objectifs communicatifs et linguistiques du module.

Des énoncés de découverte et d'observation permettent à l'apprenant de faire le point sur ses connaissances et de déduire les règles de fonctionnement de la langue. Ce travail de conceptualisation valorise les acquis antérieurs de chacun.

Ces énoncés sont très souvent tirés des documents déclencheurs.

Une explication détaillée est présentée **sous forme de tableau** favorisant ainsi une bonne conceptualisation et l'appropriation des points grammaticaux étudiés. Le tableau facilite également la mémorisation.

Plusieurs **exercices d'application** variés sont proposés pour chaque point de grammaire traité.

«Découvrez…»

Cette rubrique propose une ouverture sur le monde francophone en faisant connaître ses réalités et sa diversité par le truchement de textes liés à une thématique et par l'observation d'images. L'apprenant découvrira entre autres les problèmes environnementaux, l'art et les nouvelles technologies des pays de la francophonie. Des activités variées liées au thème et au monde francophone complèteront cette découverte.

«Écoutez»

Cette rubrique vise à développer la compétence de l'écoute à l'aide de nombreux documents simulés et authentiques enregistrés sur le CD accompagnant le manuel. Ces écoutes sont accompagnées d'exercices de compréhension, de repérage, à trous… qui familiarisent l'apprenant avec des documents audio.

« Prononcez »

Cette rubrique permet non seulement d'améliorer et de parfaire la prononciation de l'apprenant, mais aussi de bien le préparer à l'expression orale. L'apprenant fera des activités d'écoute, de répétitions, d'opposition entre deux ou plusieurs phonèmes, ainsi que des exercices prosodiques et orthographiques (correspondances entre les sons et les graphies).

« Échangez »

Cette rubrique vise à développer la compétence communicative à l'oral. L'apprenant est encouragé à utiliser la langue de façon spontanée dans des échanges et des jeux de rôle en employant le lexique, les structures et les éléments culturels présentés dans le module.

« Rédigez »

Les huit modules contiennent chacun deux ou trois tâches d'écriture conçues de façon à intégrer les nouveautés du module sur les plans lexical, grammatical, syntaxique et thématique tout en respectant le type et le genre de texte (textes narratifs, explicatifs, argumentatifs et informatifs).

Chaque module propose des concepts et outils élaborés à partir de l'apport pertinent de la grammaire de texte (règles de progression et de cohérence, reprise de l'information, emploi de substituts et de pronoms, etc.).

« Rappel grammatical »

Cette rubrique clôt chaque module. L'apprenant peut revoir, au besoin, des points de grammaire abordés dans *Pause-café* niveau débutant.

Les tableaux servant à présenter certains points grammaticaux permettent de bien visualiser les concepts revus.

■ LE CAHIER D'EXERCICES

Le cahier d'exercices reprend systématiquement les points de vocabulaire, de grammaire, de lecture et d'écriture proposés dans chaque module du manuel. Les travaux et exercices peuvent être faits en classe ou à l'extérieur des cours de façon autonome. Les consignes sont simples et facilitent l'apprentissage. Le corrigé se trouve à la fin du cahier et les exercices d'écoute sont regroupés sur un CD audio d'accompagnement. On y trouvera également un texte suivi d'une exploitation ainsi que des sujets d'expression écrite.

■ INTERNET

Grâce aux exercices de renforcement proposés sur Internet, l'apprenant peut poursuivre, moduler et parfaire son apprentissage. Une place toute particulière est faite aux aspects culturels pour lui permettre d'enrichir sa connaissance de la francophonie.

■ LES ÉLÉMENTS DE *PAUSE-CAFÉ*

Le manuel accompagné d'un CD audio
• Huit modules
• Des tableaux de conjugaison
• Un lexique

Le cahier d'exercices accompagné d'un CD audio
• Le corrigé de chaque exercice

Le guide du professeur sur Internet incluant les corrigés du manuel

Des exercices supplémentaires sur Internet

Remerciements

Nous tenons à remercier sincèrement madame Christiane Dumont, professeure à l'Université York, de ses nombreux conseils, de son soutien, des nombreuses discussions stimulantes et de sa grande disponibilité tout au long de la réalisation de ce manuel. Nous lui sommes très reconnaissantes et nous lui exprimons toute notre gratitude.

Les auteures

TABLE DES MATIÈRES

module 1

Vivre d'amour
et d'eau fraîche

module 2

Tranches de vie

L'ALPHABET

A	[a]	N	[ɛn]
B	[be]	O	[ɔ]
C	[se]	P	[pe]
D	[de]	Q	[ky]
E	[ə]	R	[ɛʀ]
F	[ɛf]	S	[ɛs]
G	[ʒe]	T	[te]
H	[aʃ]	U	[y]
I	[i]	V	[ve]
J	[ʒi]	W	[dubləve]
K	[ka]	X	[iks]
L	[ɛl]	Y	[igʀɛk]
M	[ɛm]	Z	[zɛd]

Les lettres françaises

A	[a]	F	[ɛf]	Q	[ky]
K	[ka]	L	[ɛl]	U	[y]
H	[aʃ]	M	[ɛm]	E	[ə]
		N	[ɛn]	O	[ɔ]
B	[be]	R	[ɛʀ]		
C	[se]	S	[ɛs]		
D	[de]				
G	[ʒe]	I	[i]	Z	[zɛd]
P	[pe]	J	[ʒi]		
T	[te]	Y	[igʀɛk]		
V	[ve]	X	[iks]		
W	[dubləve]				

Les accents

É = e accent aigu		un étudiant
È = e accent grave		une bibliothèque
Ê = e accent circonflexe		une fête
À = a accent grave		à Paris

Les autres signes

ç = c cédille		une leçon
' = apostrophe		j'habite
¨ = tréma		Noël
- = trait d'union		excusez-moi

L'ALPHABET FRANÇAIS : SONS ET GRAPHIES

Sons	Graphies		Mots
Les voyelles orales			
[i]	i, y		midi, lys
[e]	é, er, ez, es, et		dé, thé
[ɛ]	è, ê, ai, ei, et, e (devant deux consonnes)		fête, poulet
[a]	a		papa, chat
[ø]	eu, eu		feu, deux
[œ]	eu, œu		heure, œuf
[ɑ]	â, as		pâte, bas
[ə]	e		le, vedette
[y]	u, û		dû, mur
[o]	o, au, eau, ô		auto, beau
[ɔ]	o		encore, la mode
[u]	ou, où, oû		cou, goûter

Les voyelles nasales

[ê]	in, ain, ein		chagrin, frein
[œ̃]	un, um		brun, parfum
[ã]	en, em, an, am		parent, lampe
[õ]	on, om		blond, nombre

Les semi-voyelles

[j]	i		piano, pied
[ɥ]	u (devant une voyelle)		huit, lui
[w]	ou + voyelle oi		jouet, oui

Les consonnes

[p]	p		pain, Paris
[b]	b		bleu, bravo
[m]	m		matin, mer
[t]	t, th		tomate, théâtre
[d]	d		dimanche, danse
[n]	n		noix, natation
[k]	k, qu, c, ca, co, cu		café, cube
[g]	ga, go, gu,		gare, guitare
[ɲ]	gn		montagne, signature
[f]	f		fille, sportif
[v]	v		végétal, voir
[s]	s, ç, ss, ce, ci, ti + voyelle		leçon, sac
[z]	z, s entre deux voyelles		zéro, musée
[ʃ]	ch		chat, chien
[ʒ]	j, ge, gi		jour, girafe
[l]	l		livre, librairie
[ʀ]	r		rouge, restaurant
[gz]	x		exister, examen
[ks]	x		saxophone, taxi

module 1

Vivre d'**amour** et d'**eau** fraîche

Objectifs communicatifs

Raconter
Accepter une proposition
Refuser une proposition

Sommaire

L'amour
aveugle

Source : André-Philippe Côté, *Psychoses & Cie, Docteur Smog à votre écoute,*
Bruxelles, Éditions Casterman, 2005, 48 pages.

1. Lisez la bande dessinée et répondez aux questions.

1. Quel est le sujet de la conversation ?

2. Où se passe la scène ?

Mariage de savants et savant mariage

Qui est cet homme amoureux des sciences qui se lie d'amitié avec une femme amoureuse des sciences, elle aussi, puis en tombe follement amoureux? Cet homme, c'est bien sûr Pierre Curie, et cette femme, c'est Maria Sklodowska, la future Marie Curie.

Née à Varsovie, cette jeune femme timide sait bien que l'accès à l'université lui est interdit en Pologne. La raison? Parce qu'elle est... une femme! Mais cela ne l'arrête pas. Marie décide d'aller à Paris. Là-bas, elle s'inscrit à la Sorbonne où elle est acceptée pour y étudier la physique et les mathématiques.

Au printemps 1894, après des études couronnées de succès, elle rencontre Pierre Curie. Peu après, elle doit rentrer en Pologne. Mais Pierre est épris d'elle. Dans une lettre datée du 10 août 1894, il l'implore de revenir auprès de lui à Paris. Il lui fait part de ses rêves: «Ce serait une belle chose à laquelle je n'ose croire, que de passer la vie l'un près de l'autre, hypnotisés dans nos rêves: votre rêve patriotique, notre rêve humanitaire et notre rêve scientifique.»

Marie ne reste pas insensible à la lettre de Pierre! Moins d'un an plus tard, le 25 juillet 1895, ils se marient à la mairie de Sceaux, à dix kilomètres de Paris. Voilà un heureux et savant mariage!

De cette union faite de passion scientifique naît Irène Curie, le 12 septembre 1897. En décembre de la même année, Marie commence une thèse de doctorat: la maternité et l'amour de sa fille ne diminuent pas son amour des sciences! Et l'amour des sciences ne diminue pas l'attachement profond qu'elle éprouve pour son mari: «C'est un véritable don du ciel, et plus nous vivons ensemble, plus nous nous aimons (*Lettre de Marie Curie à sa sœur Bronia*, 1899).»

Le 10 décembre 1903, Pierre et Marie reçoivent avec Henri Becquerel le prix Nobel de physique pour leurs recherches sur le phénomène des radiations. Dans la famille Curie, la passion des sciences semble héréditaire! En 1926, la jeune Irène Curie épouse Jean-Frédéric Joliot, lui aussi physicien. Une fois de plus, voilà un savant mariage! En collaboration avec son mari, Irène poursuit l'œuvre de ses parents. Le couple Joliot-Curie reçoit d'ailleurs le prix Nobel de chimie en 1935.

Le 20 avril 1995, les cendres de Marie et de Pierre sont transférées au Panthéon. Ce jour-là, on lit dans le journal *L'Humanité*: «Pour la première fois dans l'histoire, une femme est admise, pour ses propres mérites et aux côtés de son mari, dans le sanctuaire des grands hommes.» Marie et Pierre restent ainsi à jamais unis dans l'amour et la gloire.

2. Lisez ce texte et répondez aux questions.

1. Qui est Maria Sklodowska?
2. Où est-elle née?
3. Pourquoi Maria Sklodowska ne pouvait-elle pas fréquenter l'université en Pologne?
4. Combien de personnes sont mentionnées dans le texte?
5. En quelle année Pierre et Marie se sont-ils mariés?
6. Quelle est la profession du couple?
7. En quelle année Irène et Jean-Frédéric se sont-ils mariés?
8. Qu'ont en commun le couple Pierre et Marie, et le couple Irène et Jean-Frédéric?
9. Relevez dans le texte les expressions ou les termes relatifs à l'amour.
10. Où repose le couple Pierre et Marie depuis 1995?

APPRENEZ DE NOUVEAUX MOTS

❯ L'AMOUR ET L'AMITIÉ

Noms	Verbes et expressions
l'écoute	aimer quelqu'un = éprouver de l'amour pour quelqu'un
l'épouse / l'époux	avoir le coup de foudre pour quelqu'un
la compréhension	convier / inviter à un grand repas / à un festin / à des festivités
la confiance	
la femme / le mari	demander en mariage / consentir au mariage
la fiancée / le fiancé	divorcer
la fidélité	draguer (France)
la maîtresse / l'amant	éprouver de l'affection pour quelqu'un
la mariée / le marié	faire la connaissance de quelqu'un
la / le partenaire	flirter
la tendresse	manquer à quelqu'un
la tolérance	partir en voyage de noces
le couple	perdre quelqu'un de vue
le divorce	plaire à quelqu'un
le partage	quitter quelqu'un / rompre avec quelqu'un
les fiançailles	rester en contact avec quelqu'un
mon chum / ma blonde (Canada)	s'entendre avec quelqu'un
un flirt	se brouiller avec quelqu'un
une amie / un ami	se fâcher
une copine / un copain	se fiancer
une compagne / un compagnon	se lier d'amitié avec quelqu'un
une famille monoparentale	se plaire
une famille recomposée	se réconcilier
une petite amie / un petit ami	sortir avec quelqu'un
	tomber amoureux, être amoureux de

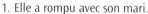

1. Associez les phrases des deux colonnes qui ont le même sens.

1. Elle a rompu avec son mari.   a) Elle est sociable.
2. Il aime bien Nicole.   b) Son absence m'est pénible.
3. Tu te réconcilies avec eux.   c) Il est son amant.
4. Elle me manque.   d) Tu n'es plus fâché avec eux.
5. Elle se lie d'amitié facilement.   e) Elle lui plaît.
6. Il a une maîtresse.   f) Ils se sont séparés.

2. Complétez les phrases avec les mots ci-dessous.

> abandonné(e)   le coup de foudre   se sont fiancés
> fait la connaissance   infidèle   sortent   se sont mariés

1. J'ai * de Martha, la petite sœur de mon ami. C'est une fille très séduisante.
2. Philippe et Anne * en 1944, pendant la Seconde Guerre mondiale et ils * en 1946.
3. Dès notre première rencontre, j'ai eu *.
4. Ma grand-mère me disait que l'amour n'est pas toujours réciproque ; il arrive que le mari ou la femme soit * ou soit *.
5. Ça fait un an que Dominique et Lisa * ensemble.

3. Choisissez le mot ou l'expression entre parenthèses qui convient.

1. Béatrice et moi, nous (nous marions / se marions) le 4 août.
2. Monsieur et Madame Durand ont la joie de vous faire part du (mariage / marié) de leur fils Antoine avec Mademoiselle Lucie Robin.
3. Tu dois certainement être au courant. Bref, Geneviève (se marie / épouse) !
4. Ils (ont marié / se sont mariés) à l'église.
5. Son (mariage / marié) ne va pas bien.
6. Je lis un livre sur la cérémonie (du mariage / des maris) dans les pays du Maghreb.
7. Nous avons décidé de (se marier / nous marier) l'année prochaine.
8. Monique (se marie avec / épouse avec) un avocat.
9. Mon oncle est très content. Il vient (de marier / d'épouser) sa fille à un journaliste.

4. Remplacez les mots en gras par une expression ou un verbe équivalent présenté dans le tableau de la page ci-contre.

1. J'ai de très bons rapports avec mes voisins. Nous avons souvent les mêmes opinions, les mêmes avis.
2. Avec mon frère, on se fâche très souvent.
3. Au club sportif, on rencontre souvent des jeunes de notre âge.
4. Ils se fâchent souvent, mais ils arrivent à se mettre d'accord.
5. Pendant les vacances, les étudiants s'écrivent, se téléphonent, s'envoient des courriels.

OBSERVEZ ET EMPLOYEZ LES STRUCTURES

1 LE PRÉSENT DE L'INDICATIF

Observez.

- Relevez cinq phrases au présent de l'indicatif dans le texte sur Pierre et Marie Curie (p. 3) et mettez chaque verbe à l'infinitif.
- Quelles sont les terminaisons du verbe **sentir** au présent de l'indicatif ?
- Quels sont les trois groupes de verbes réguliers ?

L'EMPLOI DU PRÉSENT DE L'INDICATIF

- Le présent de l'indicatif indique une action en cours d'accomplissement, c'est-à-dire une action qui se produit au moment où l'on parle.
  *Qu'est-ce que tu **fais** là ?*

- Il indique une action habituelle.
  *Je **commence** mon travail à 9 h.*

- Il indique le décor ou le décrit.
  *Il **fait beau** dehors.*

- Il indique des états qui existent au moment où l'on parle.
  *Je **suis** fatigué.*

- Il indique des états permanents.
  *Elle **est** architecte.*

■ Emplois particuliers

- Dans un récit au passé, on peut remplacer le passé par le présent pour donner l'illusion d'assister à l'événement. C'est ce qu'on appelle le **présent de narration**.
  *Pendant l'été 1894, Marie **retourne** voir son père en Pologne.*
  *En 1804, Napoléon 1ᵉʳ **demande** au pape Pie VII de venir le couronner.*

- Le présent de l'indicatif peut aussi faire sentir la proximité d'une action ou d'un événement qui vient de se produire ou qui va se produire.
  *Elle **arrive** à l'instant.*
  *Ils **arrivent** demain.*

1.1 Pour chaque phrase, précisez la valeur du présent de l'indicatif : futur proche, présent de narration, habitude ou action en cours.

1. Dans un mois, nous partons en Californie.
2. La reine Élisabeth II naît à Londres le 21 avril 1926.
3. Allez, je te laisse, je dois finir mon travail.
4. Après 33 ans de pouvoir, Félix Houphouët-Boigny meurt en 1993.
5. Lors de l'entrée en vigueur du traité de Rome en 1956, la devise *In varietate concordia* (expression latine signifiant « Unie dans la diversité ») devient officiellement la devise européenne.
6. Les Berger prennent leur petit déjeuner à 6 h 30.

1.2 Transformez les verbes du texte suivant au présent. Quel est l'effet créé par l'utilisation du présent de l'indicatif ?

J'ai commencé par lui raconter l'histoire d'Éric. Il m'a écoutée en signant quelques papiers, puis tout d'un coup a posé son stylo et s'est mis à me dévisager longuement avec une réelle perplexité. J'avais l'impression que mon récit lui paraissait complètement insensé. Pourtant je n'ai rien déformé, je n'ai rien exagéré.

(*Source* : Raymond Jean, *La Lectrice*, Arles, Actes Sud, 1986, p. 35.)

2 LES VERBES PRONOMINAUX

Observez.

> Marie *s'inscrit* à la Sorbonne en sciences.
> Elle *s'appelle* Maria Sklodowska.
> Une physicienne et un physicien qui *se rencontrent*.
> Nous ne pouvons supporter l'idée de *nous séparer*.

- Qu'est-ce que les verbes en gras ont en commun ?
- Conjuguez le verbe de la deuxième phrase à toutes les personnes. Que remarquez-vous ?

QU'EST-CE QU'UN VERBE PRONOMINAL ?

Les verbes pronominaux sont toujours précédés d'un pronom à la même personne que le sujet (**me**, **te**, **se**, etc.).

Nous nous aimons. *Nous* ne voulons pas *nous* séparer.

référent

Je me…	Nous nous…
Tu te…	Vous vous…
Il se… Elle se… On se…	Ils se… Elles se…

Attention : Le pronom **on** est suivi d'un verbe à la troisième personne du singulier. C'est pourquoi on utilise le pronom **se**.

On se sépare.

■ Verbes pronominaux de sens réfléchi

Le sujet fait l'action et il est en même temps l'objet.

Elle se regarde.   *Il se rappelle.*

■ Verbes pronominaux de sens réciproque

Ils font toujours intervenir deux ou plusieurs sujets : chacun fait l'action en même temps qu'il la subit. Les sujets agissent de manière réciproque.

Pierre et Marie se parlent souvent.

Ces verbes existent aussi à la forme non pronominale.

Je me lave.   *Je lave la voiture.*

Il se regarde dans le miroir.   *Il regarde les oiseaux.*

■ Verbes essentiellement pronominaux

Ces verbes sont toujours pronominaux. Le **me**, **te**, **se**, **nous** ou **vous** fait toujours partie du verbe : **se souvenir, s'efforcer** (de), **s'évanouir, se méfier** (de), **s'enfuir, s'absenter**, etc.

*Marie **se souvient** très bien de sa première rencontre avec Pierre.*

2.1 Ajoutez le pronom qui convient.

1. ✳ nous téléphonons tous les soirs.
2. Il ✳ demande où est Christine.
3. Je ✳ souviens de cet été-là.
4. ✳ t'évanouis souvent.
5. Vous ✳ écrivez toutes les semaines ?
6. ✳ s'inquiètent beaucoup.

2.2 Choisissez le verbe qui convient et conjuguez-le au présent.

1. Ils (aimer / s'aimer) ✳ passionnément.
2. La maman (embrasser / s'embrasser) ✳ toujours ses enfants avant d'aller travailler.
3. Le couple ne (se parler / parler) ✳ plus depuis un mois.
4. En ce moment, les équipes de hockey de Montréal et de Moscou (disputer / se disputer) ✳ la finale du tournoi.
5. Le directeur (engager / s'engager) ✳ un nouvel assistant.
6. En général, les étudiants (respecter / se respecter) ✳ le règlement de l'université.
7. Tintin et Milou (s'entendre / entendre) ✳ très bien.
8. Anne-Marie (se rencontrer / rencontrer) ✳ son ancien ami par hasard.

2.3 Dites si chaque verbe est essentiellement pronominal, réfléchi ou réciproque.

1. Marie et Pierre s'aiment beaucoup.
2. Elle se prépare à aller en Pologne.
3. Je ne m'absente jamais du travail.
4. Je me méfie de mes voisins.
5. Les parents se mobilisent contre la violence à l'école.
6. Marie et Pierre ne se téléphonent pas : ils s'écrivent.
7. Les deux présidents se serrent la main et se réconcilient.

2.4 Complétez ce texte avec les verbes suivants et conjuguez-les au présent.

> se réconcilier   se rencontrer   se fiancer
> se disputer   s'unir   se séparer

Mireille et Julien ✳ chez des amis communs. Au premier regard, ils ressentent une forte attirance l'un pour l'autre. Mireille admire Julien, Julien admire Mireille. Les amoureux ✳ trois mois plus tard. Ils ✳ constamment. Les fiançailles sont annulées. Toujours amoureux l'un de l'autre, les jeunes tourtereaux ✳. Ce couple pas comme les autres ✳ enfin par les liens du mariage. Dix ans plus tard, ils ✳, puis divorcent.

❸ LA NOMINALISATION DU VERBE

Observez.

> *Hugo et Laure **se marient**. Leur **mariage** rassemble leurs amis.*
> *Élodie **a disparu**. Sa **disparition** fait la une des journaux.*

• Quel lien existe-t-il entre le verbe et le nom en gras dans les phrases?

DU VERBE AU NOM

La **nominalisation** est l'opération qui consiste à transformer une phrase ou une proposition en groupe nominal. Cette transformation permet :

• d'être concis ;

• de créer un lien de façon cohérente avec la phrase qui précède.

*Il **refuse** l'autorité de son père. Ce **refus** crée de nombreux conflits.*

*Ils **tournent** un film dans le château de Toulouse-Lautrec. Ce **tournage** durera 15 jours.*

Voici quelques noms formés à partir de verbes :

blesser → la blessure	partir → le départ	résister → la résistance
changer → le changement	perdre → la perte	se marier → le mariage
déclarer → la déclaration	réfléchir → la réflexion	soutenir → le soutien
discuter → la discussion	refuser → le refus	supprimer → la suppression
modifier → la modification	renouveler → le renouvellement	tourner → le tournage

Attention : Certains verbes n'ont pas de nominalisation lexicalement identique.

rompre → la rupture

tomber → une chute

Rappel : Les noms se terminant par **ation**, **sion**, **tion** et **ure** sont féminins tandis que les noms finissant par **ment** et **age** sont masculins.

3.1 Pour chacun des verbes suivants, donnez le nom correspondant.

disparaître → la disparition

1. blesser	3. rompre	5. attacher	7. diriger
2. marier	4. réconcilier	6. déclarer	8. partager

3.2 Transformez les phrases, comme dans l'exemple.

*Laurent Gaudé vient de **publier** un livre. La **publication** d'un livre par Laurent Gaudé.*

1. Le prix du pétrole a augmenté.

2. Les frais administratifs diminuent à partir du mois prochain.

3. Une équipe française a découvert un lion momifié dans une sépulture égyptienne.

4. C'est dans le hangar qu'on répare les wagons.

5. Le nouveau gouvernement a modifié la loi sur le tabagisme.

6. Les riverains refusent le nouveau projet de construction d'autoroute.

7. Le ministre soutient la création d'un centre culturel en banlieue.

DÉCOUVREZ...

L'amour et le mariage

Mariage : pas avant 18 ans

Le 4 avril 2006, le Sénat de France a adopté à l'unanimité une loi portant de 15 à 18 ans l'âge légal du mariage des filles. Cette modification du Code civil, inchangé depuis 1804, a pour but de rendre la loi conforme au principe d'égalité entre les hommes et les femmes et d'aider à lutter contre la violence conjugale. En effet, en repoussant de trois ans l'âge minimum du mariage, la loi française veut surtout protéger les jeunes filles. Jusqu'à cette date, les filles pouvaient se marier à partir de 15 ans. Cette disposition, unique en Europe, était un héritage du code Napoléon. Elle était discriminatoire et archaïque. Tous les ans, des dizaines de milliers de jeunes filles d'origine étrangère vivant en France étaient ainsi contraintes d'épouser un conjoint choisi par leur famille. Cela entraînait souvent des situations de violence psychologique et même physique, sans parler du décrochage scolaire.

■ Discussion sur l'âge du mariage

Afin de participer de manière active à une discussion et de prendre la parole en temps voulu, vous devez préparer vos arguments à l'avance. Lisez le texte « Mariage : pas avant 18 ans », puis répondez aux questions suivantes.

1. D'après le texte, à partir de quel âge les garçons peuvent-ils se marier en France ?
2. Êtes-vous favorable à ce que l'âge du mariage soit porté à 18 ans ?
3. Y a-t-il des pays en Europe où l'âge légal est différent pour les filles et les garçons ?
4. Depuis quelque temps, en Occident, les personnes choisissent elles-mêmes celui ou celle avec qui elles veulent se marier. Est-ce vrai dans tous les pays ?

Vous défendrez ainsi votre point de vue avec plus de force. Soyez également très attentif à ce que les autres ont à dire.

Formez de petits groupes. Choisissez un animateur. Chaque groupe va d'abord préparer ses arguments. Ensuite discutez-en devant les autres, puis dressez une liste des points traités. (Quels sont les principaux arguments ? etc.)

Elsa

Extrait du poème «L'amour qui n'est pas un mot» de Louis Aragon (1897-1982)

Suffit-il donc que tu paraisses
De l'air qui te fait rattachant
Tes cheveux ce geste touchant
Que je renaisse et reconnaisse
Un monde habité par le chant
Elsa mon amour ma jeunesse

Ô forte et douce comme un vin
Pareille au soleil des fenêtres
Tu me rends la caresse d'être
Tu me rends la soif et la faim
De vivre encore et de connaître
Notre histoire jusqu'à la fin

C'est miracle que d'être ensemble
Que la lumière sur ta joue
Qu'autour de toi le vent se joue
Toujours si je te vois je tremble
Comme à son premier rendez-vous
Un jeune homme qui me ressemble

Pour la première fois ta bouche
Pour la première fois ta voix
D'une aile à la cime des bois
L'arbre frémit jusqu'à la souche
C'est toujours la première fois
Quand ta robe en passant me touche

Ma vie en vérité commence
Le jour où je t'ai rencontrée
Toi dont les bras ont su barrer
Sa route atroce à ma démence
Et qui m'as montré la contrée
Que la bonté seule ensemence

Tu vins au cœur du désarroi
Pour chasser les mauvaises fièvres
Et j'ai flambé comme un genièvre
À la Noël entre tes doigts
Je suis né vraiment de ta lèvre
Ma vie est à partir de toi

Suffit-il donc que tu paraisses
De l'air qui te fait rattachant
Tes cheveux ce geste touchant
Que je renaisse et reconnaisse
Un monde habité par le chant
Elsa mon amour ma jeunesse

Source : Louis Aragon, « L'amour qui n'est pas un mot » dans *Le roman inachevé*.
© Éditions Gallimard.

Lisez ce poème d'amour mis en musique par Léo Ferré. Aragon a écrit de nombreux autres textes qui immortalisent son amour pour Elsa Triolet, écrivaine elle aussi. Ces deux auteurs se sont rencontrés en 1928 et ont été séparés par la mort d'Elsa, en 1970.

■ Projet de recherche : le mariage et les traditions dans un pays francophone

Situez d'abord le pays choisi. Faites ensuite une présentation détaillée, photos ou images à l'appui, d'un aspect particulier : la rencontre, le mariage ou le divorce.

ÉCOUTEZ

⟩ **1 LE COUP DE FOUDRE**

 piste 1

1.1 Écoutez cet extrait, puis, par groupes de deux ou trois, répondez aux questions suivantes.

1. Où Jean et Sophie se sont-ils rencontrés?
2. Comment Jean décrit-il sa première rencontre avec Sophie?
3. Sophie a-t-elle éprouvé de l'attirance pour Jean dès le début?
4. Croyez-vous au coup de foudre?
5. Avez-vous déjà vécu cette expérience ou connaissez-vous quelqu'un qui l'a connue?
6. Seriez-vous capable d'expliquer la différence entre le coup de foudre, l'amour et la passion?

1.2 Écoutez de nouveau l'enregistrement et complétez les phrases suivantes.

1. Jean rencontre son copain Marcel…
   a) par une belle matinée d'été.
   b) par une belle soirée d'hiver.
   c) par une belle soirée d'été.
   d) par une belle journée de juillet.

2. Jean et Sophie passent de bons moments ensemble et…
   a) ils oublient que le temps passe.
   b) le temps passe et ils décident de se quitter.
   c) ils voient que le temps passe.
   d) ils constatent que le temps passe.

3. Jean a le coup de foudre pour Sophie, mais…
   a) ça ne le dérange pas.
   b) il a l'habitude de tomber amoureux.
   c) ça fait partie de sa vie quotidienne.
   d) il sent que ça dérange sa routine.

4. Pour Sophie, Jean est…
   a) un ami qu'elle voulait revoir depuis longtemps.
   b) la pièce manquante pour la rendre heureuse.
   c) un don Juan.
   d) un ami d'enfance.

5. Le coup de foudre est une sensation…
   a) qui s'installe en nous.
   b) qu'on éprouve dès les premiers coups de téléphone.
   c) qu'on éprouve dès les premiers regards.
   d) qui nous fait croire qu'on est amoureux.

⧽ 🔲 LA VIE DE COUPLE

2.1 Écoutez ces cinq courts extraits.

Associez ces extraits aux illustrations correspondantes.

2.2 Écoutez de nouveaux les extraits, puis répondez aux questions suivantes.

1. Quel est l'âge approximatif de chacun des personnages ?
2. Qu'est-ce qui a changé dans leur vie ? Précisez les changements pour chaque extrait.
3. Les personnages de chaque extrait parlent-ils de leur vie de façon positive ou négative ?

2.3 On ne parle pas comme on écrit et on n'écrit pas comme on parle ! Dites dans quelles scènes vous avez repéré ces mots. Notez les sentiments exprimés grâce à l'intonation : des hésitations, la colère, etc.

1. Eh bien
2. Pour un oui ou pour un non
3. Dis ?
4. Oh, toi alors…
5. Alors, c'est oui ou c'est non ?
6. Tu rigoles ?
7. Et pourquoi donc ?
8. Ah oui !
9. J'en ai assez !
10. Et quoi encore ?

PRONONCEZ

1 LES CONSONNES MUETTES

 1.1 Certaines consonnes à l'intérieur d'un mot ne se prononcent pas toujours. Écoutez et répétez.

1. compter
2. le comptable
3. un fils
4. l'automne

 1.2 Les consonnes finales d'un mot ne se prononcent pas toujours. Écoutez et répétez.

1. blanc
2. l'époux
3. discret
4. le repas
5. l'amant
6. le souhait
7. ils, elles
8. plus tard
9. le coup de foudre

 1.3 Les consonnes finales doubles ne se prononcent pas toujours. Écoutez et répétez.

1. le temps
2. le poids
3. vingt
4. respect

1.4 Dans les exercices précédents, barrez les consonnes muettes à l'intérieur ou à la fin des mots.

2 LA LIAISON

Lorsqu'un mot finissant par une consonne finale muette est suivi d'un mot commençant par une voyelle, on prononce souvent la consonne finale : *des amis*. On fait alors une **liaison**.

Les consonnes de liaison sont :

- [z], comme dans **les amis** ;
- [n], comme dans **un ami** ;
- [t], comme dans **est arrivé** ;
- le **f** de **neuf** qui se prononce [v] devant **ans** [nœvã] et **heures** [nœvœʀ].

La liaison peut être obligatoire ou facultative.

Cas les plus fréquents de liaison obligatoire	
entre le déterminant et le nom	les ordinateurs, les oiseaux, un an
entre le pronom et le verbe	ils ont, ils adorent, nous invitons, nous allons
entre **est** et le mot qui suit	c'est-à-dire
entre les adverbes **très** et **tout** et l'adjectif	très intéressantes, très amusantes, très utile, tout entier
entre l'adjectif et le nom qui le suit	bons amis, dix-neuf ans, autres amis, bon ami
entre une préposition monosyllabique et le mot qui suit	chez eux, sous un arbre
dans certaines expressions	de temps en temps, de plus en plus

Attention : Pas de liaison entre la conjonction **et** et le mot qui suit.
*Annie **et** Odile*

2.1 Prononcez les mots suivants.

1. Ils ont deux enfants.
2. de temps en temps
3. d'autres amis
4. les ordinateurs
5. Qu'attend-il ?
6. C'est un bon ami.

2.2 Écoutez ce texte, puis lisez-le à haute voix.

J'ai deux bons amis. Ils ont dix-neuf ans. Ils viennent souvent chez moi ou je vais chez eux. De temps en temps, nous invitons d'autres amis et nous allons au cinéma ensemble. Ils ont toujours des blagues très amusantes. Avant-hier, ils m'en ont raconté une bonne sur Toto. Ils adorent les ordinateurs. Moi, je préfère lire des livres sur les oiseaux parce que cela m'aide à comprendre la nature. Ça fait un an qu'on passe les week-ends ensemble. Et vous, avez-vous un bon ami ou de bons amis ?

ÉCHANGEZ

 piste 7

1. Écoutez ce dialogue et notez les phrases équivalentes.

Trouvez dans l'extrait les phrases utilisées pour :

1. inviter quelqu'un à sortir.   *Tu es libre ce vendredi ?*
2. refuser une invitation.
3. accepter une invitation.
4. accepter avec hésitation.

 piste 8

2. Écoutez ces phrases et associez-les aux choix de réponses suivants.

a) Inviter quelqu'un à faire quelque chose.
b) Accepter poliment.
c) Accepter avec hésitation.
d) Refuser avec hésitation.
e) Refuser poliment.

3. Travaillez par groupes de deux. Votre partenaire vous pose ces questions. Acceptez ou refusez. Variez vos réponses.

1. Tu veux dîner avec moi demain soir ?
2. Vous passez le week-end avec nous ?
3. Vous voulez participer à la réunion des directeurs ?
4. Tu n'as pas envie de manger une glace au chocolat ?
5. Mes parents ont l'intention de passer le week-end au chalet. Tu viens chez moi ?
6. Voudriez-vous venir prendre un café chez moi ?

4. Travaillez par groupes de deux ou trois. Pour chacune des réponses, proposez deux invitations sous forme de questions. Utilisez les expressions des exercices précédents.

1. Ah ! ça c'est génial ! J'accepte avec plaisir.
2. Je suis désolée, je n'ai pas le temps.
3. Bof ! je ne sais pas.
4. Pas question ! Il fait −30°.
5. Je n'ai pas du tout envie d'aller chez elle. On n'a rien en commun.

5. Travaillez par groupes de deux. L'un propose une sortie : une activité sportive, un dîner dans un restaurant exotique, la visite d'un musée, etc. L'autre accepte ou refuse. N'oubliez pas de varier vos réponses.

6. Discutez en groupes de deux ou trois. Qu'est-ce que le mot « amitié » évoque pour vous ? Utilisez le vocabulaire du tableau de la page 4 et employez des verbes pronominaux.

EXPRESSIONS POUR DIRE QU'ON EST D'ACCORD OU PAS D'ACCORD

Accord	Désaccord
– C'est ça. C'est exact !	– Je ne suis pas du tout de ton avis.
– Tu as raison de…	– Absolument pas ! Pas du tout !
– Je suis pour…	– Je pense le contraire.
– Je suis tout à fait d'accord avec toi.	– Tu as tort de dire…
– Absolument	– Tu plaisantes !
– Évidemment	– Je suis contre…
– Oui, c'est vrai.	– Je ne suis pas d'accord avec toi.
– Je partage ton avis.	

7. Travaillez par groupes de trois. Lisez d'abord les expressions du tableau ci-dessus. Une personne dit une phrase. Les deux autres expriment leur accord et leur désaccord en variant les réponses, comme dans l'exemple.

De nos jours, le portable est un outil essentiel.
Absolument, avec le portable, on peut nous joindre partout.

1. Au Canada, on trouve beaucoup de gens qui parlent trois langues.
2. La langue chinoise est vraiment facile à apprendre.
3. Parfois, il faut acheter son billet d'avion à la dernière minute.
4. Un jeune de 16 ans est assez grand pour savoir à quelle heure rentrer. Il faut donc lui faire confiance.
5. Pour apprendre les langues, mieux vaut acheter un logiciel que de s'inscrire à un cours.

RÉDIGEZ

1 SAVOIR UTILISER LE DICTIONNAIRE

Le dictionnaire permet de vérifier :

- la prononciation du mot (transcrite en alphabet phonétique international) ;

- la nature du mot : n. (nom), adj. (adjectif), v. (verbe), adv. (adverbe), etc. ;

- le genre : n. f. (nom féminin), n. m. (nom masculin) ;

- l'origine du mot : latin populaire ;

- la ou les significations du mot : *amitié* signifie **1.** Sentiment réciproque d'affection ou de sympathie qui ne se fonde ni sur les liens du sang ni sur l'attrait sexuel. **2.** Marque d'affection, témoignage de bienveillance ;

- les synonymes (mots ayant le même sens) et antonymes (mots de sens contraire).

> **AMITIÉ** [amitje] n. f. – *amistié* **1080** ; latin populaire °*amicitatem*, accusatif de °*amicitas*, classique *amicitia* ■ **1** Sentiment réciproque d'affection ou de sympathie qui ne se fonde ni sur les liens du sang ni sur l'attrait sexuel ; relations qui en résultent. ➤ **affection, camaraderie, sympathie.** «*La camaraderie mène à l'amitié*» MAURIAC. «*L'amitié entre homme et femme est délicate, c'est encore une manière d'amour*» COCTEAU. *Une preuve d'amitié. Une solide, une ancienne amitié. Avoir de l'amitié pour qqn. Se lier d'amitié avec qqn. Faire qqch. par amitié pour qqn.* — VIEILLI *Amitié particulière* : liaison homosexuelle. ◆ *Rapports amicaux.* ➤ **entente.** *L'amitié entre nos deux pays.* ■ **2** Marque d'affection, témoignage de bienveillance. *J'espère que vous nous ferez l'amitié de venir.* — AU PLUR. *Faites-lui toutes mes amitiés : dites-lui de ma part bien des choses amicales. Mes amitiés à votre mari.* ■ CONTR. Antipathie, inimitié.

Nouveau Petit Robert de la langue française, 2007, p. 82.

1.1 **Lisez le texte ci-dessous et vérifiez, à l'aide d'un dictionnaire, le sens des mots que vous ne connaissez pas. Remplissez un tableau comme dans l'exemple suivant.**

Mot inconnu	Nature du mot	Synonyme	Antonyme	Définition choisie
insolite	adjectif	étrange, bizarre	accoutumé, familier, normal	qui est différent, qui surprend

Le roman est magnifique, il évoque la magie absolue de l'enfance et l'impossibilité qu'il y a parfois à y renoncer. Le film, lui, ne raconte pas la quête impossible d'un monde disparu, mais plus simplement la recherche, par deux adolescents, d'une jeune fille que l'un d'eux a rencontrée au cours d'une fête insolite dans un château. La Première Guerre mondiale y est inscrite en filigrane, comme une menace qui pèse sur cette jeunesse sacrifiée peu après. C'est une jolie histoire d'amitié et d'amour, romantique et douloureuse.

Source : «Le Grand Meaulnes», *Je bouquine*, n° 272, p. 53.

1.2 Remplacez les mots en couleur selon les indications données entre parenthèses.

Marseille, un soir de décembre, il y a trois ans, Anne-Marie est chez elle, seule. Elle s'ennuie. Elle **va (trouver un synonyme spécifique à Internet)** sur Internet. Elle écrit à d'autres internautes. Soudain, elle lit : «Je suis très **audacieux (donner le contraire)**, même devant **l'appareil (donner un synonyme)**. Je n'aime pas les sites de rencontres, mais j'aimerais bien...» Anne-Marie répond immédiatement. Ainsi, **Anne-Marie (éviter la répétition)** rencontre **(donner un synonyme)** un Belge, Daniel. Ils s'écrivent matin et soir **durant (donner un synonyme)** deux semaines. La confiance, le partage, on échange vraiment tout sur Internet. On ne peut pas dire qu'ils tombent amoureux dès le début. L'amour naît peu à peu, à travers les mots qu'ils échangent. Ils décident de **s'éloigner l'un de l'autre (donner le contraire)** dans un pays neutre : la Suisse. Dès le premier regard, ils comprennent qu'ils sont faits l'un pour l'autre. Au bout d'un an, ils décident **de vivre ensemble (donner un synonyme)**. Daniel quitte son pays et s'installe en France pour y vivre un grand amour.

module 1

2 DE LA PHRASE SIMPLE À LA PHRASE SIMPLE ÉTOFFÉE

- La phrase est une série de mots qui sont en relation les uns avec les autres. Elle peut être construite avec ou sans verbe (phrase nominale).

  Il marche en silence.

  Déchets toxiques : 10 décès et plus de 100 consultations recensés.

- La phrase simple peut être :

  – **déclarative**,   – **interrogative**,   – **exclamative**.

    Daniel est absent.   *Daniel est absent ?*   *Daniel est absent !*

- On peut enrichir la phrase simple par une expansion du groupe verbal.

  *Elle **est partie à l'école**.*

  *Elle **est partie à l'école à pied**.*

  *Elle **est partie à l'école à pied sans son parapluie**.*

- On peut enrichir la phrase simple par une expansion du groupe sujet.

  ***Ce tableau** est exposé au musée.*

  ***Ce joli tableau** est exposé au musée.*

  ***Ce joli petit tableau de Picasso** est exposé au musée.*

2.1 Enrichissez chacune des phrases suivantes par une expansion.

1. La mère raconte une histoire.
2. Les étudiants lisent une nouvelle.
3. Mes frères habitent dans un appartement.
4. Mes amis sont au courant.
5. Élisabeth est mannequin.
6. Mon directeur a reçu un cadeau.

3 L'ENCHAÎNEMENT DES PHRASES PAR LA REPRISE DU SUJET

Les phrases sont en relation les unes par rapport aux autres. Elles doivent s'enchaîner de façon cohérente.

Observez les sujets en couleur. À qui font-ils référence ?

Ma nouvelle amie Cécile est très sympa. Loyale et charmante, elle a vraiment un très bon sens de l'humour. Malheureusement, ma copine n'a pas que des qualités, elle se met facilement en colère et ne supporte pas l'égoïsme chez les autres. Ma mère pense que c'est une jeune fille agréable et épanouie.

Cécile représente le sujet unique de ce paragraphe. Les sujets (représentant la même personne) sont repris soit par le pronom personnel **elle**, soit par des synonymes (jeune fille, nouvelle amie, copine).

Bien écrire, c'est aussi éviter de reprendre le même sujet tout au long d'un paragraphe. Les phrases s'enchaînent bien grâce à l'utilisation des synonymes et des pronoms (**il**, **elle**…).

3.1 En suivant le modèle de la reprise du sujet, écrivez deux paragraphes pour expliquer cette phrase célèbre du philosophe Alain : « Il y a de merveilleuses joies dans l'amitié. »

Pensez à votre meilleur(e) ami(e).

RAPPELS GRAMMATICAUX

〉 LES PRONOMS

Pronoms sujets	je, tu, il, elle, on, nous, vous, ils, elles	**Elle** est sociable. **Vous** ne voulez pas rester?
Pronoms toniques	moi, toi, lui, elle, nous, vous, eux, elles	**Moi**, je ne suis pas d'accord. **Eux**, ils travaillent le soir.
Pronoms réfléchis	me, te, se, nous, vous	Tu **te** trompes, ma chère. Ils **s'**entendent très bien.
Pronoms compléments d'objet directs (COD)	me, te, se, le, la, l', nous, vous, les	Je **le** trouve sympa. Elle ne **vous** comprend pas.
Pronoms compléments d'objet indirects (COI)	me, te, se, lui, nous, vous, leur	Nous **leur** téléphonons souvent. Tu ne **lui** envoies pas de fleurs?
Pronoms compléments de lieu (à un endroit, d'un endroit)	y, en	J'**y** vais en train. Elles **en** viennent.
Pronom complément de quantité	en	Nous **en** buvons tous les jours.

〉 LA TERMINAISON DES VERBES À L'INDICATIF PRÉSENT

■ Terminaison des verbes en **er** (1er groupe)

• e, es, e, ons, ez, ent

Attention aux verbes

étudier j'étudie, nous étudions   **jeter** je jette, nous jetons

payer je paye ou paie, nous payons   **commencer** je commence, nous commençons

appeler j'appelle, nous appelons   **manger** je mange, nous mangeons

acheter j'achète, nous achetons   **aller** je **vais**, nous **allons**

■ Terminaison des verbes en **ir** (2e groupe)

• is, is, it, issons, issez, issent

finir je finis, nous finissons, ils finissent

■ Terminaison des verbes en **ir, oir** ou **re** (3e groupe)

pouvoir je peux, nous **pouvons**, ils **peuvent**   **suivre** je **suis**, nous suivons, ils suivent

vouloir je veux, nous **voulons**, ils **veulent**   **tenir** je **tiens**, nous **tenons**, ils **tiennent**

devoir je d**ois**, nous d**evons**, ils d**oivent**   **voir** je vois, nous voyons, ils vo**ient**

dire je dis, vous **dites**, ils disent   **type prendre** je **prends**, nous prenons, ils **prennent**

faire je fais, vous **faites**, ils **font**   **type conduire** je conduis, nous conduisons, ils conduisent

croire je crois, nous **croyons**, ils croient   **type ouvrir** j'ouvre, nous ouvrons, ils ouvrent

boire je bois, nous **buvons**, ils **boivent**   **type dormir** je d**ors**, nous dormons, ils dor**ment**

mettre je mets, nous mettons, ils mettent   **type accueillir** j'accueille, nous accueillons, ils accueillent

savoir je **sais**, nous savons, ils savent   **type mourir** je **meurs**, nous **mourons**, ils **meurent**

connaître il connaît, nous connaissons, ils connaissent   **type peindre** je **peins**, nous **peignons**, ils peignent

vivre je v**is**, nous vivons, ils vivent   **type résoudre** je **résous**, nous **résolvons**, ils résolvent

Tranches de vie

Objectifs communicatifs

Raconter au passé
Exprimer ses goûts vestimentaires
Décrire une personne

Sommaire

C'est quoi,
l'amour?

Comme je suis une bonne fille, j'ai rapporté l'affreux Tigris au 13, impasse des Glycines, chez sa mamie. Retrouvailles historiques! Elle a ri, pleuré, l'a embrassé, m'a embrassée, m'a offert des pâtes de fruits, des sous, des photos, des gâteaux… Son chignon en était tout **chamboulé**.

Chamboulé : défait.

À la maison, en revanche, les retrouvailles ont été nettement moins joyeuses! Papa, les lunettes en bataille et la cravate de travers, m'a accueillie dès le perron :

— C'est à cette heure-ci que tu rentres? On a fini de dîner!

Bientôt appuyé par maman, accourant de la cuisine, paniquée :

— Enfin te voilà, Marion! Où étais-tu?

Bredouillements : paroles confuses.

Vociférations : paroles bruyantes, cris.

Mes **bredouillements** ont très vite laissé le champ libre aux **vociférations** scandalisées de maman :

— Mais c'est ma jupe! Et mes boucles d'oreilles! Et mes chaussures! Elle m'a piqué mes affaires! Mes chaussures neuves! Regardez-moi ça! Dans quel état elle a mis mes chaussures neuves! D'où viens-tu? Qu'est-ce que tu fabriques dans cette tenue?

Marion répond immédiatement :

— J'étais… J'étais avec une vieille dame qui a perdu son chat…

— Une vieille dame qui a perdu son chat! Voyez-vous ça! a trépigné papa. Tu nous prends pour qui?

En entendant le pas lourd de Charles descendre l'escalier, j'ai cru ma dernière heure arrivée. S'il s'y met lui aussi, je suis perdue. Il m'a fait un clin d'œil discret, avant de se tourner vers les parents :

— Vous êtes contents? Elle est rentrée, votre fifille adorée… Alors arrêtez de crier. C'est plus un bébé. Elle a le droit de tomber amoureuse.

— De tomber amoureuse? a répété papa.

— Mais je ne suis pas amoureuse!

A tonné: a crié.

— Non mais, dis donc, Charles qu'est-ce que tu connais à l'amour, toi espèce de grand dadais? **a tonné** maman, les mains sur les hanches.

— Ah, ah! Plus que tu ne crois!

Maman s'est retournée vers papa:

— Tu entends ça, Bernard? Quand je te dis qu'il a eu une histoire d'amour avec une fille en Espagne, tu ne veux pas me croire!
J'en suis sûre! Nous, les femmes, on sent ces choses-là.

— Marion, amoureuse? a répété papa, hébété.

— Bien vu, maman! a ricané Charles. Et pour faire avancer ton enquête, je te donne un indice: elle s'appelle Cristina!

— Marion, amoureuse, mais de qui? a continué papa, le regard fixe.

J'ai protesté à nouveau, un peu plus fort cette fois:

— Mais de personne! Je ne suis pas amoureuse, enfin!

Ma voix a été couverte par la sonnerie du téléphone.

A éructé: a dit sur le ton de la colère.

— Qui est-ce? **a éructé** papa.

— Je ne sais pas, moi, le mec de Marion...

Avant que j'aie le temps de réagir, Papa s'est précipité sur le combiné:

— Allô? Qui est à l'appareil? Oui. Bon. Alors, jeune homme, je ne vous connais pas, et je ne tiens pas à vous connaître, d'ailleurs. Moi, je suis le père de Marion et laissez-moi vous dire que ça ne va pas se passer comme ça! Ma fille n'a pas encore 15 ans et j'ai l'intention qu'elle passe l'année à se concentrer sur son TRAVAIL! [...]

Source: Fanny Joly, «L'amour toujours»,
Paris, Bayard, 1998, p. 57-60.

Lisez le texte et répondez aux questions.

1. Combien de personnages y a-t-il dans le texte?
2. Qui est Charles?
3. Quels vêtements Marion a-t-elle empruntés à sa mère?
4. Qui est le narrateur? Quels sont les indices permettant de savoir s'il s'agit d'un narrateur ou d'une narratrice?
5. Pour quelle raison les parents de Marion sont-ils mécontents?
6. Pourquoi peut-on dire qu'il y a malentendu?
7. Retrouvez dans le texte le terme qui désigne l'amoureux de Marion.
8. Sur quel ton Charles parle-t-il de Marion à ses parents?
9. Quels sont les temps des verbes dans le texte? Relevez deux exemples de chacun de ces temps.
10. Comment la mère de Charles appelle-t-elle son fils?

APPRENEZ DE NOUVEAUX MOTS

❯ **1** L'APPARENCE PHYSIQUE

Verbes et expressions		Le look/La tenue	Les cheveux
être vêtu de	s'habiller chic	la tenue de cérémonie	la coiffure
mettre un vêtement/ du parfum	se coiffer	la tenue de soirée	les cheveux colorés/ teints/naturels/frisés/ ondulés/raides/longs/ courts
porter une tenue décontractée	se maquiller	la tenue de ville	
	suivre la mode	la tenue sportive	

Les vêtements			
l'imperméable	la robe longue/courte/ habillée/chic	le costume	le tee-shirt
la chemise à manches longues/courtes	la veste	le débardeur	les chaussettes
la cravate	le chemisier	le manteau	un ensemble
	le collant	le pantalon	un jean délavé
		le pull à col roulé	un tailleur élégant

Les chaussures	Les accessoires		Les tissus
les bottes	l'écharpe (f.)	le collier	un tissu uni/rayé
les chaussons	la casquette	le foulard	une étoffe en coton/ en lin/en soie/en laine
les chaussures à talons	la ceinture	le pendentif	
les chaussures de sport	le bracelet	les bijoux	
les mocassins	le chapeau	les boucles d'oreilles	

1.1 Catherine s'est trompée dans ses expressions. Corrigez les erreurs.

1. Je viens d'acheter un pyjama **en cuir**.
2. C'est bientôt l'hiver, nous allons sortir **nos mocassins**.
3. Brrr!… il fait très froid. J'**enlève** mon manteau.
4. Mes parents vont à un mariage. Ils vont s'habiller très **décontracté**.
5. Les vêtements sont en solde. **On ne peut plus en acheter.**
6. Tu peux mettre **ces boucles d'oreilles** autour de ton cou.
7. Il pleut : tu devrais mettre **ton gilet**.
8. Elle ne **se coiffe** jamais. Elle pense que ce n'est pas bon pour la peau.

1.2 Décrivez la tenue vestimentaire de ces personnes.

1

2

3

⟩ 2 LE CARACTÈRE

Adjectifs servant à qualifier des personnes			
Qualités		**Défauts**	
actif / active	organisé / organisée	antipathique	grossier / grossière
adroit / adroite	patient / patiente	avare	hypocrite
calme	poli / polie	désagréable	impatient / impatiente
chaleureux / chaleureuse	raisonnable	désordonné / désordonnée	impoli / impolie
diplomate	sincère	désorganisé / désorganisée	indiscret / indiscrète
discret / discrète	sympathique / sympa	égoïste	indolent / indolente
drôle	talentueux / talentueuse	frivole	intolérant / intolérante
énergique	tolérant / tolérante	froid / froide	maladroit / maladroite
généreux / généreuse	tranquille	gauche	malhonnête
ordonné / ordonnée			passif / passive

2.1   Dites la même chose en transformant les noms en adjectifs, comme dans l'exemple. Utilisez les adjectifs du tableau ci-dessus.

*Cette personne a beaucoup d'**énergie**. Elle est **énergique**.*

1. Il est reconnu pour son **honnêteté**. Il est ✳.
2. Elle ne fait pas preuve de **tolérance**. Elle est ✳.
3. Son **manque de patience** me dérange. Il est ✳.
4. Sa **maladresse** lui cause des ennuis. Il est ✳.
5. Ils font preuve de **générosité**. Ils sont ✳.

2.2   En vous aidant du tableau et d'un dictionnaire, trouvez un ou deux adjectifs pour qualifier les personnes suivantes.

1. un / une matérialiste
2. un / une artiste
3. un / une individualiste
4. un / une altruiste
5. une personne autoritaire
6. une personne indépendante

module 2

OBSERVEZ ET EMPLOYEZ LES STRUCTURES

〉**1** LE PARTICIPE PASSÉ

Observez les verbes.

> – *Comme je suis une bonne fille, j'**ai rapporté** l'affreux Tigris au 13, impasse des Glycines, chez sa mamie.*
> – *Elle **m'a piqué** mes affaires !*
> – *Une vieille dame qui **a perdu** son chat ! Voyez-vous ça ! **a trépigné** papa.*
> – *Quelques instants plus tard, Charles **est sorti** du salon.*
> – *Papa **s'est précipité** sur le combiné.*
> – *Elle **m'a embrassée**.*
> – *Elle **est partie**.*

- Comment forme-t-on le passé composé? (voir rappel p. 38)
- Comment appelle-t-on les verbes **avoir** et **être**? Quels sont les verbes conjugués avec **être** au passé composé?
- Où place-t-on les pronoms personnels dans un temps composé?
- Qu'est-ce qu'un complément d'objet direct (COD)? un complément d'objet indirect (COI)?
- Quand accorde-t-on le participe passé?

L'ACCORD DU PARTICIPE PASSÉ

- Le participe passé employé avec l'auxiliaire **être** s'accorde en genre et en nombre avec le **sujet du verbe**.
  ***Elle** est rentrée.   **Ils** sont sortis.*
- Le participe passé employé avec l'auxiliaire **avoir** s'accorde avec le **COD** (complément d'objet direct) quand ce complément est **placé avant le verbe**.
  *Il **m'**a saluée.   La **fille** qu'il a saluée.   Quelle **fille** as-tu saluée?*
- Le participe passé d'un verbe pronominal s'accorde avec le sujet si le COD est placé avant.
  *Elle s'est **lavée**. (Elle a lavé qui? elle-même)*
- Le participe passé d'un verbe pronominal ne s'accorde pas quand il est suivi d'un COD.
  *Elle s'est **brossé** les dents.*

■ Comment identifier le COD et le COI dans une phrase

- Pour identifier le COD dans une phrase, on pose la question **qui?** ou **quoi?**

  *Tu as vu **qui**?*

  *Tu as vu **quoi**?*

- Pour identifier le COI, on pose la question **à qui** ou **à quoi**, **de qui** ou **de quoi**?

  *Tu as écrit **à qui**?*

  *Tu as parlé **de quoi**?*

- Le COD et le COI peuvent être :

  – un pronom ;

  *Il **m'**a saluée. (Il a salué qui? m')*

  – un nom ;

  ***Les lettres** qu'il a reçues. (Il a reçu quoi? les lettres)*

  – un groupe nominal ;

  *J'ai parlé **à la fille vêtue de noir**. (J'ai parlé à qui? à la fille vêtue de noir)*

  – un infinitif.

  *J'aime **sortir**. (J'aime quoi? sortir)*

1.1 Conjuguez les verbes entre parenthèses au passé composé. Attention à l'accord des participes passés.

1. J'(parler) ✳ à ma mère ce matin.
2. Les modèles que nous (choisir) ✳ sont plutôt classiques.
3. Tu (pouvoir) ✳ lui parler?
4. Je (se lever) ✳ tôt ce matin.
5. Elle (devoir) ✳ abandonner ses études à cause d'un sérieux problème de santé.
6. Mes parents (aller) ✳ à Cuba pendant une dizaine de jours.
7. Alice (s'habiller) ✳ chic pour le mariage de sa sœur.
8. Voici mes photos de vacances. Je les (apporter) ✳.
9. Les courriels? Oui, je les (bien recevoir) ✳.

1.2 Accordez les participes passés des phrases quand c'est nécessaire.

Samedi dernier, Marie et sa sœur se sont **reposé** (1). Elles sont **allé** (2) dans les bois. Elles ont beaucoup **marché** (3) et elles ont **cueilli** (4) des fleurs. Elles les ont ensuite **mis** (5) dans des vases, puis elles ont **pris** (6) un bon café. Plus tard, elles se sont **habillé** (7) et elles sont **sorti** (8) pour voir une pièce de théâtre. Elles l'ont **trouvé** (9) très bonne. Quand elles se sont **couché** (10), elles se sont **endormi** (11) immédiatement.

1.3 Remplacez les mots en gras par les pronoms appropriés et faites l'accord du participe passé quand c'est nécessaire.

1. Les étudiants ont fini **leurs études**.
2. Vous avez pris **les livres**?
3. Vous avez acheté **une belle maison**.
4. J'ai découvert **cette actrice** dans ce film.
5. Amélie n'a pas souvent donné de ses nouvelles **à ses amis**.
6. Elle a retrouvé **la chatte et ses petits chatons**.

▶ 2 LE PLUS-QUE-PARFAIT

Observez.

Quand Paul est arrivé,	l'avion *était parti*.
	l'avion *partait*.
	l'avion *est parti*.

• À quel moment du passé se sont déroulées les trois actions?

LA FORMATION ET L'EMPLOI DU PLUS-QUE-PARFAIT

• Le **plus-que-parfait** est un temps composé du passé. Il se forme avec l'auxiliaire **être** ou **avoir** conjugué à l'**imparfait** et suivi du **participe passé**.

Auxiliaire avoir	**Auxiliaire être**
J'avais trouvé	J'étais parti / partie
Tu avais trouvé	Tu étais parti / partie
Il / Elle / On avait trouvé	Il / Elle / On était parti(s) / partie(s)
Nous avions trouvé	Nous étions partis / parties
Vous aviez trouvé	Vous étiez parti(s) / partie(s)
Ils / Elles avaient trouvé	Ils / Elles étaient partis / parties

• Il exprime une action antérieure par rapport à une autre : dans l'exemple, le décollage de l'avion est antérieur à l'arrivée de Paul.

Quand Paul est arrivé,	l'avion *était parti*.	→ **(plus-que-parfait : avant)**
	l'avion *partait*.	→ **(imparfait : pendant)**
	l'avion *est parti*.	→ **(passé composé : après)**

2.1 Complétez les phrases en conjuguant les verbes au plus-que-parfait.

1. Elle est retournée dans le pays où elle (vivre) ✱ dans sa jeunesse.
2. Nous avons revu des amis à qui nous (ne pas parler) ✱ depuis longtemps.
3. Lorsque je suis arrivé au cinéma, le film (déjà commencer) ✱.
4. Mathieu a perdu le parapluie que sa mère lui (offrir) ✱ pour son anniversaire.
5. Quelle surprise! Quand je suis rentrée à la maison, ma fille (faire) ✱ le ménage, (passer) ✱ l'aspirateur et (nettoyer) ✱ sa chambre.

2.2 Mettez les verbes entre parenthèses aux temps appropriés (passé composé, imparfait ou plus-que-parfait).

1. Quand il était jeune, il (fumer) ✳ la pipe.
2. Il n'a pas pu ouvrir la portière de sa voiture parce qu'il (oublier) ✳ ses clés chez lui.
3. Elles (partir) ✳ depuis une heure quand on (arriver) ✳.
4. Il n'(être) ✳ pas content parce que ce repas au restaurant lui (coûter) ✳ une fortune.
5. Le soleil (se lever) ✳ depuis longtemps quand il (se réveiller) ✳.

Découvrez…

Style et couleur

Les tenues vestimentaires

■ Décrivez la tenue de chacune de ces femmes et trouvez des adjectifs qui pourraient refléter leur caractère ou leur personnalité.

Les couleurs ont-elles une influence?

Les journaux et revues contribuent à faire croire en l'existence d'une relation universelle entre la couleur et les comportements. Ainsi, dans divers articles parus il y a plusieurs années, on prétendait que le fait de manger dans une pièce peinte en orangé facilitait la digestion. Beaucoup ont d'emblée cru à la véracité de cette affirmation! Certes, l'orangé peut être une couleur agréable pour ceux et celles qui aiment cette teinte, mais de là à avoir des vertus sur le système parasympathique…

En fait, la plupart des recherches contemporaines menées par des psychologues sur la couleur concernent la perception. L'idée d'établir une corrélation entre la couleur et les comportements humains a pratiquement été abandonnée. Mais pourquoi? En grande partie à cause des nombreuses contradictions qui ressortent de tous les travaux sur d'éventuelles relations entre psychisme et couleur. Tout cela sans compter qu'il n'y a pas deux personnes qui perçoivent ou réagissent de la même façon à telle ou telle teinte. On peut alors se demander à quoi rime la colorothérapie qui, selon ses adeptes et ses défenseurs, fait tant de bien à tant de gens. Le seul fait que l'on s'occupe de la souffrance de ces gens en leur proposant des activités qui les intéressent et les font sortir d'eux-mêmes agit sans aucun doute comme un placebo. Il n'y a aucune autre explication qui vaille dans ce cas.

Source: Louis Desaulniers, *Couleur, matière et lumière*, Mont-Royal, Modulo Éditeur, 2001, p. 94.

■ Votre opinion

Lisez le texte et donnez votre opinion. Comment la couleur influence-t-elle votre vie?
A-t-elle une réelle importance pour vous?

module 2

ÉCOUTEZ

OPINIONS SUR LA MODE

 piste 9

1. Écoutez ces opinions sur la mode.

Mathieu : Avant, je voulais toujours porter la même marque de jean que les copains, le même polo, les mêmes chaussures. Mais peu à peu, je me suis détaché de tout cela, j'ai évolué et j'ai pris de l'assurance. Maintenant, je m'habille en fonction de mon budget. J'achète des vêtements simples que je personnalise.

Sophie : L'idéal, c'est de pouvoir créer son propre style à partir des différents courants de la mode. Je peux m'habiller classique et branché à la fois tout en y ajoutant une touche personnelle. Ma coiffure est classique, mon tee-shirt est pop et ma jupe branchée. Pourquoi pas ? C'est une manière personnelle de s'exprimer.

Un parent : Mon fils veut absolument être vêtu comme tous ses copains. Quand ce n'est pas les copains, il veut ressembler à la star du moment. J'aimerais vraiment qu'il se détache de toutes ces influences et qu'il trouve son propre style.

Vincent : La mode, pour moi, est un moyen d'exprimer mes états d'âme. Quand je porte des vêtements avec beaucoup de couleurs, j'affiche ma bonne humeur, mon côté optimiste, ouvert et décontracté.

Mélanie : J'ai toujours aimé ce qui était obscur, mystérieux. Il y a quelques mois, j'ai découvert la mode gothique. J'ai tout de suite adopté ce look, qui me correspond tout à fait ! Je me suis mise à m'habiller en noir et rouge. La mode, c'est une manière de s'exprimer comme une autre.

Julie : Lorsque je m'habille, que je me coiffe ou que je me maquille, je reste simple. Je ne cherche surtout pas à attirer l'attention sur moi.

Dites si les énoncés suivants sont vrais ou faux.

1. Mathieu **s'habille** en fonction de l'argent qu'il gagne. Il fait attention à son budget.
2. Dans sa manière **de se vêtir**, Sophie choisit un style plutôt classique.
3. Le parent souhaiterait que son fils se détache des influences de **la mode** et des **marques**. Il veut **porter des marques** à tout prix.
4. Vincent n'accorde pas d'importance à la mode. Elle ne représente pas grand-chose pour lui.
5. Mélanie est attirée par la mode gothique. Le jeune gothique **porte** surtout des vêtements rouges et noirs.
6. Julie veut attirer les regards sur elle. Elle est **très extravertie**.

2. Quelle est l'opinion de chacun ?

1. Mathieu : ✳.
2. Sophie : ✳.
3. Le parent : ✳.
4. Vincent : ✳.
5. Mélanie : ✳.
6. Julie : ✳.

PRONONCEZ

1 LE SON [e] ET LE SON [ɛ]

• Le son [ɛ] correspond à la graphie :
suggère, vert, faire, jouet, faisait

• Le son [e] correspond à la graphie :
été, j'ai, avancé, chanter

piste 10   <u>**1.1 Écrivez les mots contenant le son [e] et le son [ɛ].**</u>
<u>**Écoutez ensuite.**</u>

1. J'avais perdu ma montre.
2. *Il venait d'avoir 18 ans*, c'est une chanson de Dalida.
3. Il a été amoureux d'elle pendant longtemps.
4. Le printemps arrive. L'année dernière, on était à San Francisco.
5. Les jeunes veulent tous être uniques.
6. Chut ! Arrête de parler et mets tes chaussures.

➋ LE FÉMININ DE CERTAINS PARTICIPES PASSÉS

On entend à l'oral l'accord féminin des participes passés en **is**, **it** et **ert**.

> prendre : pr**is**, pr**ise**
> mettre : m**is**, m**ise**
> écrire : écr**it**, écr**ite**
> ouvrir : ouv**ert**, ouv**erte**

 piste 11   <u>**2.1 Écoutez et indiquez si vous entendez le féminin des participes passés**</u>
<u>**dans les réponses.**</u>

1. ✳	4. ✳	6. ✳
2. ✳	5. ✳	7. ✳
3. ✳		

 piste 12   <u>**2.2 Écoutez et répétez.**</u>

1. J'ai étudié toute la soirée.
2. Il a aimé ce livre.
3. J'ai élevé deux enfants.
4. Elle a été amoureuse de lui.
5. J'ai acheté un nouveau manteau pour l'hiver.
6. Il a appris que tu t'étais marié la semaine dernière.
7. J'ai attendu longtemps.
8. Elle a eu froid.

 piste 13   <u>**2.3 Le verbe est-il au passé composé ?**</u>

1. ✳	4. ✳	6. ✳
2. ✳	5. ✳	7. ✳
3. ✳		

piste 14   <u>**2.4 Écoutez les phrases et écrivez l'infinitif des verbes.**</u>

1. À 7 h, elle ✳. Il ✳ beau dehors.
2. À 7 h 30, elle ✳ à manger à la chatte, l'✳ et lui ✳. Elle ✳ de bonne humeur.
3. Vers midi, elle ✳ faim, elle ✳ puis ✳ un repas léger.
4. Vers 12 h, elle ✳ son café. Puis elle ✳ une petite sieste.
5. À 14 h 30, elle ✳ à s'ennuyer. Elle ✳ puis ✳ au parc regarder les enfants jouer. Cela l'✳.

ÉCHANGEZ

) 1 EXPRIMER SON OPINION

Demander une opinion	Donner une opinion
– Qu'est-ce que vous pensez de…?	– À mon avis / Selon moi
– Qu'en pensez-vous?	– Personnellement
– Quel est ton avis sur le / la…?	– En ce qui me concerne
– Pouvez-vous nous donner votre point de vue sur…?	– D'après moi / D'après le / la…
– Quelle est ton opinion sur…?	– J'ai l'impression / le sentiment que
	– Il me paraît évident / clair que…
	– Je pense que… / Je trouve que…
	– J'estime que…

1.1 Écoutez et indiquez les différentes manières de demander et d'exprimer une opinion que vous entendez.

1. La jeune femme : ✳.　　3. Louis : ✳.
2. Le jeune homme : ✳.　　4. Martine : ✳.

1.2. Qu'en pensez-vous? En équipes de deux, donnez à tour de rôle votre opinion sur les questions suivantes. Utilisez les expressions du tableau ci-dessus.

1. Nous sommes tous influencés par la mode. Que pensez-vous du proverbe *Qui se ressemble s'assemble*? Est-ce que suivre la mode est le signe d'un manque de caractère?

2. On accorde trop d'importance à ce que les autres pensent de nous.

3. À 17 ans, les amis sont plus importants qu'un petit copain.

4. Doit-on imposer l'uniforme dans les écoles publiques?

5. Avoir un look personnalisé, c'est possible?

6. Êtes-vous en faveur du *piercing* et des tatouages?

7. Les magazines de mode montrent des mannequins trop minces et imposent aux femmes un modèle de perfection inaccessible. L'industrie de la mode menace-t-elle la santé des mannequins à qui on impose des régimes draconiens?

2 EXPRIMER LA COLÈRE / SE RÉCONCILIER

Exprimer la colère	Se réconcilier / s'excuser
– Tu me prends pour qui ? – Ça ne va pas se passer comme ça ! – J'en ai marre à la fin ! / J'en ai ras-le-bol ! / J'en ai assez ! – Zut, alors !	– Veuillez m'excuser. / Excusez-moi. / Excuse-moi. – Je m'excuse. Je te / vous prie de m'excuser. – Désolé / Désolée ! – Je ne pensais pas ce que j'ai dit. – Ne m'en veux pas. / Ne m'en veuillez pas. – Pardonne-moi. / Pardonnez-moi.

2.1 Imaginez un dialogue.

L'étudiant A et l'étudiant B doivent travailler sur un exposé. L'étudiant A se fâche parce que c'est lui qui fait tout le travail.

2.2 Lisez ce texte, puis discutez-en avec vos voisins de classe.

Avec mes parents, c'est la guerre !

Les portes qui claquent, les cris, les disputes créent un climat tendu dans la famille. Le jeune adopte souvent une attitude d'opposition envers ses parents, ce qui provoque des conflits éprouvants pour les nerfs. Il est vrai que quitter le monde douillet de l'enfance, c'est exaltant mais aussi effrayant. Cela ne se fait pas sans heurts. Pourquoi, à votre avis, le jeune s'oppose-t-il à ses parents ? Est-ce normal ou doit-on s'en inquiéter ? Y a-t-il des solutions ? Quels sont les sujets qui fâchent : la tenue vestimentaire, les sorties, les petits copains, la petite copine, la nourriture, le travail scolaire… ? Comment se vit la relation entre les parents et les jeunes dans votre culture ? Pensez-vous que la crise d'adolescence est un passage obligé ? Discutez-en avec des camarades.

RÉDIGEZ

❶ L'ENCHAÎNEMENT DES PHRASES : LES PRONOMS PERSONNELS

Les pronoms personnels permettent d'éviter la répétition. Les phrases s'enchaînent naturellement. La cohérence du texte est ainsi assurée.

> *Bonjour madame Leblanc. Avez-vous vu **le chat** de la dame du troisième étage? **Elle le** cherche depuis trois jours. **La pauvre** ne peut pas vivre sans **son fidèle compagnon**. **Elle lui** parle toujours. Je **lui** avais bien dit que **cet animal** partirait un jour. Eh bien, **l'affreux Tigris** est parti. Je me demande si on va **le** retrouver.*

Références à la dame : la dame, elle, la pauvre, elle, lui
Références au chat : le chat, le, son fidèle compagnon, lui, cet animal, l'affreux Tigris, le

1.1 Améliorez la cohérence de ce court texte en évitant la répétition du mot Jérôme. Remplacez ce mot par un pronom personnel sujet ou complément ou par un adjectif possessif.

Hier, j'ai rencontré Jérôme. **Jérôme** n'était pas content du tout parce que **Jérôme** devra prendre ses vacances au mois de juillet. La collègue de **Jérôme** voulait à tout prix le mois d'août. **Jérôme** a dû faire des concessions. Comme le dit le dicton : *Il faut savoir mettre de l'eau dans son vin.* J'ai revu **Jérôme** ce matin. J'ai dit à **Jérôme** d'oublier toute cette histoire. Après tout, **Jérôme** a la chance de pouvoir partir à la mer en juillet. Ce n'est pas si mal…

❷ LES CODES DU DIALOGUE

■ La ponctuation

- Les **guillemets** marquent le début et la fin du dialogue. On utilise les deux-points et les guillemets pour les paroles rapportées.
  Marine s'avance vers moi et me dit : «Félicitations!»
  Marine s'avance vers moi. «Félicitations!» dit-elle.
- Le **point d'interrogation** est utilisé pour poser une question.
  — Marion, amoureuse? a répété papa, hébété.
- Le **point d'exclamation** sert à exprimer une émotion.
  — Bien vu, maman! a ricané Charles.
- Le **tiret** indique un changement d'interlocuteur.
  — Qui est-ce? a éructé papa.

Attention : Dans un dialogue écrit, on va à la ligne chaque fois qu'une personne différente parle.

■ Les verbes de communication

Les verbes de communication (**dire, avouer, affirmer, répondre**…) sont utilisés pour rapporter les paroles d'un personnage. Ils expriment toute une gamme de sentiments comme la colère, l'irritation, l'admiration, la surprise, l'étonnement, etc. Le sujet est souvent inversé, comme dans les exemples suivants.

> *«Ce n'est pas vrai, **dit-il** avec colère. Je n'ai jamais fait une chose pareille.»*
> *«Non mais, dis donc, Charles qu'est-ce que tu connais à l'amour, toi espèce de grand dadais? **a tonné** maman, les mains sur les hanches.»*

Verbes pour exprimer…

la colère : crier, hurler, tonner

le rire : ricaner, s'esclaffer

l'hésitation : hésiter, bredouiller, marmonner

la surprise : s'émerveiller, s'étonner

la réponse agressive ou insolente : protester, répliquer, rétorquer

la proposition : proposer, suggérer

la demande (ton neutre) : s'informer, demander, interroger

la demande (ton suppliant) : implorer, supplier, prier

la déclaration à voix basse : murmurer, chuchoter

la déclaration (ton neutre ou confiant) : affirmer, déclarer

l'ordre : exiger, ordonner, dicter

2.1　Évitez les verbes passe-partout dans le dialogue. Remplacez le verbe en gras par celui qui correspond le mieux aux sentiments exprimés. Servez-vous des verbes présentés dans le tableau précédent.

1. « Arrête de m'agacer ! » **dit** Vincent.
   a) hurle
   b) murmure

2. « Mais tu es encore en retard ! » **dit** la mère.
   a) implore
   b) crie

3. « Maman, tu peux monter au grenier avec moi ? J'ai peur ! », **dit** le garçon.
   a) supplie
   b) affirme

4. « Tu veux voir mon nouveau dessin ? » **dit** la fillette.
   a) murmure
   b) hurle

5. « C'est certain. Il a triché aux examens », **dit** le professeur.
   a) affirme
   b) hésite

2.2　Rétablissez la ponctuation du texte suivant en ajoutant les virgules, les points d'exclamation, les points d'interrogation, les points, les tirets et les guillemets nécessaires.

Le téléphone sonne

Oh zut alors Encore ce téléphone murmure une femme visiblement confortablement installée sur son canapé Elle se lève et se dirige péniblement vers l'appareil.

Allô Qui est à l'appareil demande la femme de plus en plus inquiète.

Heu… Comment Attendez, heu… je crois que vous avez le mauvais numéro… Comment En colère la femme raccroche.

2.3　Racontez une histoire qui vous a amusé(e). Insérez un dialogue dans votre récit et variez les verbes de communication.

module 2

RAPPEL GRAMMATICAL

L'IMPARFAIT ET LE PASSÉ COMPOSÉ

■ La formation de l'imparfait et du passé composé

- **L'imparfait** se forme en ajoutant les terminaisons **ais, ais, ait, ions, iez, aient** au radical de la première personne du pluriel (**nous**) du présent de l'indicatif.

Verbes du 1er groupe	Verbes du 2e groupe	Verbes du 3e groupe en re	
parler : Nous **parl**ons	finir : Nous **fin**issons	rendre : Nous **rend**ons	craindre : Nous **craign**ons
Je parl**ais**	Je fin**issais**	Je rend**ais**	Je craign**ais**
Tu parl**ais**	Tu fin**issais**	Tu rend**ais**	Tu craign**ais**
Il / Elle / On parl**ait**	Il / Elle / On fin**issait**	Il / Elle / On rend**ait**	Il / Elle / On craign**ait**
Nous parl**ions**	Nous fin**issions**	Nous rend**ions**	Nous craign**ions**
Vous parl**iez**	Vous fin**issiez**	Vous rend**iez**	Vous craign**iez**
Ils / Elles parl**aient**	Ils / Elles fin**issaient**	Ils / Elles rend**aient**	Ils / Elles craign**aient**

- **Le passé composé** se forme avec l'auxiliaire **avoir** ou **être** conjugué au présent de l'indicatif et du verbe au participe passé.

  *Le spectacle **a eu** lieu.*   *Les invités **sont arrivés.***

■ Les valeurs de l'imparfait et du passé composé

- L'**imparfait** exprime :
  - une **action en cours** d'accomplissement dans le passé, non accomplie ;

    *Il **roulait** tranquillement vers Genève.*
  - une **action descriptive** : cadre d'une action, arrière-plan par rapport à un temps du récit (passé composé). On décrit les circonstances, le temps qu'il fait, les aspects physiques et mentaux d'un personnage. Ces imparfaits ne font pas progresser la narration ;

    *Ce matin-là, elle **portait** un blouson de cuir noir.*
  - une **habitude**, un **fait habituel** ;

    *Il **emmenait** souvent des touristes en expédition.*
  - **deux actions simultanées** ;

    *Quand son ami l'a appelé, ses parents le **disputaient**.*

    *Il **attendait** depuis une heure quand je suis arrivée.*

- Le **passé composé** exprime :
  - une **action ponctuelle**, achevée par rapport au présent (moment où l'on parle = moment d'énonciation) ;

    *Ce matin, j'**ai cherché** du travail sur le Web.*
  - une action dont l'**effet se produit encore** sur le moment présent ;

    *Ils se **sont perdus**.* (Conséquence : On entreprend des recherches.)
  - une **série d'actions accomplies** faisant progresser le récit ;

    *Elle **a ri**, **pleuré**, l'**a embrassé**, lui **a offert** des pâtes de fruits.*
  - une **action** ou un **état accompli** dans une durée de temps exprimée, impliquée ;

    *Pendant que tu parlais, elle **a préparé** le repas.*
  - une **action** ou un **état répété** dans le passé.

    *Je lui **ai téléphoné** tous les jours la semaine dernière.*

module 3

Voir la **vie** en **vert** !

Objectifs communicatifs

Exprimer le sentiment et l'obligation
Exprimer la cause, la conséquence et le but
Exprimer une transformation

Sommaire

L'écologie et vous

Il est temps que nous réfléchissions à nos comportements face à l'environnement. En effet, pour que la Terre se porte mieux, il faut que chacun d'entre nous prenne conscience de sa responsabilité. Pour savoir où vous vous situez, faites le test suivant.

▨ Testez-vous

1. Les lumières

a) Vous éteignez toutes les lumières quand vous quittez une pièce.

b) Vous éteignez la lumière seulement quand vous y pensez.

c) Vous n'y pensez jamais.

2. Le plastique

a) Vous n'acceptez jamais les emballages plastiques que le commerçant vous propose.

b) Avant d'aller faire vos courses, vous pensez une fois sur deux à apporter un sac pour réduire votre consommation de plastique.

c) Vous ne refusez jamais l'emballage qu'on vous propose.

3. La voiture

a) Vous pratiquez le covoiturage.

b) Vous utilisez soit votre voiture, soit les transports en commun, selon le lieu où vous voulez vous rendre.

c) Vous utilisez la voiture pour tous vos déplacements.

4. Les produits d'entretien

a) Tous vos produits d'entretien sont biodégradables.

b) Vous achetez des produits d'entretien courants et biodégradables.

c) Vous achetez des produits d'entretien courants seulement.

5. La consommation d'eau

a) Vous surveillez de très près votre consommation d'eau.

b) Vous alternez douche et bain car vous savez qu'une douche consomme moins d'eau qu'un bain.

c) Vous prenez de longs bains chaque matin. La facture ne sera pas plus élevée.

6. Les ampoules électriques

a) Vous utilisez seulement des ampoules fluorescentes compactes.

b) Vous commencez à vous munir d'ampoules fluorescentes compactes.

c) Vous n'utilisez que des ampoules standards pour éclairer votre logement.

7. Le recyclage

a) Vous compostez les denrées alimentaires et recyclez absolument tous vos emballages.

b) Vous compostez les denrées alimentaires et recyclez la plupart des emballages.

c) Vous recyclez quand ça vous chante.

8. Les vacances

a) Vous pratiquez l'écotourisme.

b) Les vacances sportives vous intéressent davantage.

c) Vous choisissez la destination la moins chère.

Comptez le nombre de a, de b et de c que vous obtenez.

▨ L'interprétation des résultats

Une majorité de a :
type écologique

Vous vous rendez parfaitement compte que tout le monde peut agir dans le but de préserver la planète. Les efforts de chaque individu payeront à la longue. Vous avez une belle conscience écologique.

Une majorité de b :
vers une conscience écologique

Vous commencez à prendre conscience que vous pourriez agir à votre niveau pour préserver le bien le plus précieux que nous ayons : la Terre. Vous êtes sur la bonne voie !

Une majorité de c :
encore un petit effort !

Vous avez peut-être une conscience écologique, mais il vous reste à passer à l'action. La survie de la planète dépend de défenseurs rigoureux et lucides comme vous ! Alors qu'attendez-vous ?

Le développement durable
Un impératif pour la planète

Il y a encore très peu de temps, deux cents ans à peine, les hommes étaient peu nombreux et leur impact sur la planète très faible. Depuis, nous avons créé des machines qui permettent d'exploiter les ressources naturelles. Nous avons découvert le pouvoir de l'énergie (charbon, gaz, pétrole, nucléaire) qui nous a permis d'entrer dans l'ère industrielle. Aujourd'hui, nous sommes plus de six milliards d'habitants! Nous polluons l'atmosphère, nous produisons des montagnes de déchets, nous affectons la biodiversité, nous asséchons les rivières et les lacs, nous endommageons les milieux naturels à tel point que nous avons les preuves que les activités humaines ont un impact sur l'équilibre des climats à l'échelle de la planète. Cette situation est-elle durable? Le fossé entre les nations les plus riches et les plus pauvres ne cesse de se creuser. Il a doublé depuis 1960. Près de trois milliards de terriens vivent avec moins de deux dollars par jour. Un cinquième de la population n'a pas accès à un système de santé. N'est-il pas temps d'agir? Lors du sommet de Rio de Janeiro (Brésil) en 1992, les gouvernements du monde entier se sont engagés

dans la recherche d'un nouveau modèle de développement qui puisse apporter une réponse globale aux problèmes que nous engendrons. Ils ont alors défini les principes du « développement durable » avec pour objectif de concilier nos intérêts divergents et de les rendre cohérents d'un point de vue économique, social et écologique.

Source: http://www.jeunesreporters.org/doc/15enjeux/dd.htm

Lisez le texte, puis répondez aux questions.

1. Depuis combien de temps l'influence des hommes sur la planète se fait-elle sentir?
2. Pourquoi notre influence s'est-elle accrue?
3. Nommez les conséquences néfastes de nos activités sur l'environnement.
4. Donnez deux exemples illustrant le fossé entre les nations riches et les nations pauvres.
5. Qu'est-ce qui s'est passé en 1992?
6. Quelles sont les résolutions qui ont été prises?

APPRENEZ DE NOUVEAUX MOTS

L'ÉCOLOGIE

Noms	Verbes correspondants
l'aménagement des espaces verts	aménager
l'effet de serre, les gaz à effet de serre	
la consommation, la surconsommation	consommer
la couche d'ozone	
la pollution	polluer
la production	produire
la protection	protéger
le climat	
le gaz carbonique (ou le dioxyde de carbone)	
le traitement des déchets	traiter
les espèces animales et végétales	
les pluies acides	
les sols	

Verbes pour exprimer une transformation	Noms correspondants
augmenter	l'augmentation
changer	le changement
conserver	la conservation
détruire	la destruction
diminuer	la diminution
disparaître	la disparition
empirer	
modifier	la modification
réchauffer	le réchauffement
réduire	la réduction
refroidir	le refroidissement
(s')aggraver	l'aggravation
(s')améliorer	l'amélioration
(s')assécher	l'assèchement
stagner	la stagnation
varier	la variation

1. Trouvez le nom correspondant à chaque verbe en caractères gras et complétez les phrases comme dans l'exemple.

La planète **se réchauffe**. *Le* **réchauffement** *de la planète inquiète les experts.*

1. La température hivernale **augmentera** de 2 °C. L'✳.
2. Les espèces animales **disparaissent**. La ✳.
3. Les températures **varieront**. La ✳.
4. Les comportements sociaux et culturels **changeront**. Les ✳.
5. Les gaz à effet de serre **réchauffent** dangereusement la planète. Le ✳.
6. Nous **produisons** des déchets nocifs. La ✳.

2. Complétez les définitions à l'aide des mots suivants.

> attitude   milieux   pétrole   Rio   générations
> atmosphère   défini   espèces

1. **Développement durable**
   Principe ✳ lors du sommet de la Terre en 1992, à ✳ (Brésil), comme un développement qui répond aux besoins présents sans compromettre la capacité pour les ✳ futures de répondre à leurs propres besoins.

2. **Biodiversité**
   Ensemble des ✳ vivant sur notre planète, ainsi que les habitats qui leur sont liés.

3. **Effet de serre**
   Phénomène naturel, amplifié par les rejets dans l'✳ de gaz carbonique provenant de la combustion du charbon et du ✳.

4. **Écotourisme**
   Tourisme qui sensibilise l'individu au respect de l'environnement. Voyager en adoptant une ✳ responsable vis-à-vis des populations et des ✳ visités.

3. Associez le sujet avec le groupe verbal qui convient.

1. Une des principales conséquences de la fonte des glaces
2. La destruction des milieux naturels
3. Les pollutions industrielles
4. Nous rappelons que le réchauffement
5. Les gaz à effet de serre
6. Le tourisme de masse

a) est la première cause d'extinction des espèces.
b) entraîne l'indignation, la révolte.
c) a des effets néfastes sur la nature.
d) sera la modification des courants marins.
e) crée de l'emploi dans les pays pauvres.
f) causent le réchauffement planétaire.

OBSERVEZ ET EMPLOYEZ LES STRUCTURES

1 LE SUBJONCTIF

Observez.

> *Il est temps que nous réfléchissions à nos comportements face à l'environnement.*
> *Il faut que chacun d'entre nous prenne conscience de sa responsabilité.*

- Soulignez les verbes conjugués. Quel temps reconnaissez-vous?
- Que savez-vous de la formation du subjonctif présent?

La formation du subjonctif présent

- Pour former le subjonctif des verbes avec **je**, **tu**, **il**, **elle**, **ils**, **elles**, on prend le radical de **la troisième personne du pluriel du présent** de l'indicatif et on ajoute les terminaisons **e**, **es**, **e**, **ent**.

Présent de l'indicatif	Présent du subjonctif	
Ils **finissent**	Il faut que je **finisse**	Il faut qu'elles **finissent**
Ils **partent**	Il faut que tu **partes**	Il faut qu'ils **partent**
Ils **lisent**	Il faut qu'il **lise**	Il faut qu'ils **lisent**

- Pour former le subjonctif des verbes aux 1re et 2e personnes du pluriel (**nous** et **vous**), on prend la même forme que l'imparfait.

Imparfait de l'indicatif	Présent du subjonctif	
Nous **partions**	J'aimerais que nous **partions**	J'aimerais que vous **partiez**
Vous **preniez**	J'aimerais que nous **prenions**	J'aimerais que vous **preniez**

Les verbes irréguliers au subjonctif

Les verbes suivants ont une forme irrégulière au subjonctif et ne sont pas construits à partir du présent de l'indicatif.

aller : que j'aille / que nous allions	**pouvoir** : que je puisse / que nous puissions
avoir : que j'aie / que nous ayons	**savoir** : que je sache / que nous sachions
être : que je sois / que nous soyons	**vouloir** : que je veuille / que nous voulions
faire : que je fasse / que nous fassions	**devoir** : que je doive / que nous devions

L'emploi du subjonctif

Le subjonctif s'emploie après les verbes ou les locutions exprimant:

L'obligation, le jugement	Le souhait, la volonté	L'ordre, la défense	Les sentiments
Il faut	Je souhaite	J'exige	Je crains
Il est nécessaire	Je désire	Il est impératif	J'ai peur
Il est important	J'aimerais	J'interdis	Je suis content / contente
Il est indispensable	Je veux / J'ai envie		Je regrette
QUE + SUBJONCTIF	QUE + SUBJONCTIF	QUE + SUBJONCTIF	QUE + SUBJONCTIF
*Il est nécessaire que le travail **soit** bien fait.*	*Je souhaite que tu **viennes** me voir.*	*J'exige que tu **finisses** le travail avant 17 h.*	*Je suis contente que vous **veniez**.*

Attention : • Le verbe **espérer** n'est jamais suivi du subjonctif.

• Certains verbes à la forme impersonnelle peuvent être suivis d'une construction infinitive.

*Il **est interdit de fumer** dans les restaurants.*

• Pour utiliser le subjonctif, il faut que les deux sujets soient différents.

***Nous** voulons que **vous** participiez à la conférence.*

• Si le sujet est le même, on utilise l'infinitif.

***Nous** voulons **participer** à la conférence.*

(et non : ~~*Nous voulons que nous participions*~~…)

1.1 Associez ces verbes à l'infinitif à la forme du subjonctif correspondante.

1. avoir	a) que je sache
2. être	b) qu'elles soient
3. savoir	c) qu'elle ait
4. devoir	d) que j'aille
5. aller	e) que nous fassions
6. faire	f) que je veuille
7. pouvoir	g) que tu doives
8. vouloir	h) que vous puissiez

1.2 Conjuguez les verbes entre parenthèses au subjonctif présent.

1. Il faut que nous (penser) ✳ à l'avenir de la Terre.
2. Il est nécessaire que les hommes (ne pas détruire) ✳ la nature.
3. Je voudrais que nous (économiser) ✳ l'énergie.
4. Il est impératif que nous (respecter) ✳ la nature.
5. J'ai envie que mes enfants (connaître) ✳ des climats agréables.
6. Je veux que nous (prendre) ✳ conscience de notre influence sur l'environnement.
7. Il est indispensable que les gouvernements (choisir) ✳ un autre mode de développement économique.

1.3 Remplacez **il faut que** par **devoir** et faites les changements nécessaires, comme dans l'exemple.

***Il faut que tu sois prête** à jouer le jeu.*   ***Tu dois être prête** à jouer le jeu.*

1. Il faut que tu remettes les clés avant de partir.
2. Il faut que tu la rendes en parfait état.
3. Il faut qu'elle fasse un effort.
4. Il faut que tu te coupes les cheveux.
5. Il faut que tu saches cette leçon pour demain.
6. Il faut que nous allions voir cette exposition.

1.4 Infinitif, indicatif ou subjonctif ? Complétez les phrases suivantes avec les verbes entre parenthèses.

1. Nous aimerions (assister) ✳ à cette conférence.
2. Je veux qu'il (choisir) ✳ rapidement.
3. Il est nécessaire que nous (prendre) ✳ tous conscience de la gravité du réchauffement climatique.
4. Vous devez (visiter) ✳ cette exposition, elle est fascinante.
5. Tu penses que je (devoir) ✳ lui téléphoner ?
6. Il est important que vous (faire) ✳ tout votre possible pour réussir.

🎯 **2 L'EXPRESSION DE LA CAUSE, DE LA CONSÉQUENCE ET DU BUT**

Observez.

> – *Il a oublié ses clés **parce qu**'il est pressé.*
> – *Il était pressé, **alors** il a oublié ses clés.*

• Quelle est la différence de sens entre les deux phrases ?

LA CAUSE

Pour exprimer la cause d'un fait ou d'un événement, on utilise certaines conjonctions et locutions conjonctives.

• **Parce que** répond à la question **pourquoi**.

__Pourquoi__ es-tu inquiet ? __Parce que__ j'ai assisté à une conférence sur le réchauffement climatique.

• **Comme** se place en début de phrase.

__Comme__ je n'avais pas fermé à clé les portières de ma voiture, on me l'a volée.

• **Puisque** exprime une cause connue de la personne à qui on parle.

__Puisque__ tu es végétarienne, je t'ai préparé une soupe aux lentilles et des pâtes.

• **Grâce à** s'emploie lorsque la cause est positive.

__Grâce au__ courage des pompiers, l'incendie n'a pas fait de victimes.

• **À cause de** s'emploie lorsque la cause est négative.

__À cause de__ notre gaspillage, nous condamnons la Terre à la destruction.

• **En raison de** s'utilise surtout à l'écrit et est suivi d'un nom.

__En raison de__ la pollution atmosphérique, la Terre se réchauffe.

• **Car** annonce l'explication d'un fait mentionné précédemment. Il introduit une nouvelle proposition.

La planète se réchauffe, __car__ nous produisons beaucoup de gaz à effet de serre.

Des verbes et expressions reliant la conséquence à la cause : (pro)venir de, s'expliquer par, être causé par, être provoqué par, être dû à, être à l'origine de

---

Attention : **Grâce à**, **à cause de** et **en raison de** sont suivis d'un nom. La contraction de la préposition s'applique avec **le** et **les**.

__Grâce au soutien de mon professeur__, j'ai réussi à finir ma thèse.

LA CONSÉQUENCE

Pour exprimer une conséquence, on utilise généralement **donc**, **c'est pourquoi** et **alors**. Ces mots relient une proposition A, qui exprime la cause, et une proposition B, qui exprime la conséquence.

• **Donc** (attention, on prononce le **c**) s'emploie à l'oral et à l'écrit.

Je travaille, __donc__ je ne viendrai pas ce soir.

• **C'est pourquoi** s'emploie surtout à l'écrit.

Les consommateurs occidentaux sont sensibilisés au problème du réchauffement climatique, __c'est pourquoi__ ils veulent agir.

• **Alors** s'emploie seulement à l'oral.

Il a terminé tôt, __alors__ il est parti.

2.1　Complétez les phrases suivantes avec l'expression de cause qui convient. N'employez pas parce que.

1. ✳ à la nouvelle ligne de métro, je vais pouvoir me déplacer.
2. Nous ne pouvons pas partir en vacances cette année, ✳ nous avons dû acheter une nouvelle voiture.
3. ✳ la situation s'aggravait, la majorité des pays les plus industrialisés a décidé de signer le protocole de Kyoto.
4. ✳ mauvais temps, les compagnies aériennes ont annulé tous leurs vols.
5. ✳ ta conduite a été exemplaire toute l'année, c'est toi qui vas représenter ta classe.

2.2　Complétez les phrases suivantes en indiquant une conséquence possible.

1. Il pleut à verse, donc ✳.
2. Les catastrophes naturelles se multiplient, c'est pourquoi ✳.
3. Nous l'avons invité, alors ✳.
4. Pour moi, l'amitié est la relation la plus importante, c'est pourquoi ✳.

2.3　Choisissez le verbe qui convient le mieux.

tenter	s'expliquer	causer	entraîner	chercher

1. Son échec ✳ par son manque de rigueur.
2. Le chercheur ✳ de découvrir un virus.
3. Le bruit des avions ✳ bien des problèmes aux riverains.
4. Il ✳ toujours à faire plaisir.
5. La baisse des impôts ✳ une augmentation de la consommation.

LE BUT

Le but est introduit par **pour** ou **afin de**.

- **Pour + infinitif** répond à la question **dans quel but**?
  *Les représentants de très nombreux pays se sont réunis **pour** trouver des solutions aux problèmes de la planète.*

- **Afin de + infinitif** s'utilise de façon plus formelle.
  *Nous trions nos ordures ménagères **afin de** préserver l'environnement.*

Attention: Lorsque les sujets sont différents, on emploie **pour que** + **subjonctif** ou **afin que** + **subjonctif**.
　　　　*Nous vous aiderons **pour que** vous réussissiez.*
　　　　*Je vous téléphone **afin que** vous compreniez bien la situation.*

2.4　Choisissez le terme qui convient pour exprimer le but.

1. Nous trions nos ordures ménagères (afin de / pour que) ✳ les recycler.
2. Je suis venu (afin que / pour) ✳ t'aider.
3. Nous avons réalisé ce film (afin que / afin de) ✳ alerter les populations sur les dangers qui nous menacent.
4. Si je te parle comme ça, c'est (pour / pour que) ✳ tu comprennes bien la situation.
5. Je t'ai prévenu (pour que / afin de) ✳ tu ne sois pas surpris.

DÉCOUVREZ…

Les problèmes environnementaux

Halte aux sacs en plastique !

Pollution, danger sanitaire… le sac en plastique est devenu le symbole de la société du « tout jetable ». En France, un projet de loi prévoit de le supprimer d'ici 2010.

Cinq millions de kilomètres, soit 130 fois le tour de la Terre… C'est le ruban obtenu en mettant bout à bout tous les sacs en plastique distribués en France en un an ! Au Québec, on en distribue près de deux milliards par année.

La Corse a interdit en 2003 la distribution de sacs en plastique dans les grandes surfaces de l'île.

En Irlande, le gouvernement a choisi la manière forte en mettant en place une taxe de 15 centimes d'euro par sac en plastique en 2002. Résultat : un an plus tard, leur utilisation a chuté de 90 % !

À Taïwan, ils sont tout simplement interdits depuis 2002.

■ Discussion

Certains pays ont agi. Et chez vous, qu'est-ce qui a été fait et qu'est-ce qui pourrait être fait ? Discutez-en en équipes de trois ou quatre.

La planète en colère

Un volcan qui se réveille, le sol d'une région qui tremble, un cyclone qui se déchaîne, un fleuve qui déborde… et soudain, tout se passe comme si, la nature reprenant ses droits, l'homme renouait avec les dangers qu'elle représente. Pourtant, les catastrophes naturelles ne sont pas un phénomène nouveau. Depuis la nuit des temps, la Terre est un milieu imprévisible. De l'Atlantide à Pompéi, on ne compte plus les légendes liées à des civilisations disparues à la suite de cataclysmes. Objet dynamique en perpétuel mouvement, notre planète est animée de multiples phénomènes physiques interdépendants. Malgré des méthodes d'auscultation de plus en plus fines, l'homme n'a toujours pas identifié les seuils au-delà desquels ces événements se produisent. Or, leur ampleur ne cesse d'augmenter et le nombre de grandes catastrophes naturelles (707 en 2002) a été multiplié par trois depuis les années 1960. Si les phénomènes extrêmes (ouragans, tornades, typhons…) tiennent le haut du tableau avec 39 % de l'ensemble des catastrophes mondiales, le nombre de séismes est stable (13 %). Par contre, l'année 2002 bat tous les records en termes d'inondations (30 %). Des chiffres que la communauté scientifique associe dans sa grande majorité au changement climatique.

Source : http://www.jeunesreporters.org/doc/15enjeux/risque.htm

▧ Projet de recherche : les enjeux écologiques

Lisez le texte, puis répondez aux questions.

1. Quand on parle d'environnement menacé, peut-on isoler une région du monde qui serait plus concernée qu'une autre par ce problème ?

2. Énumérez les domaines d'activité dans lesquels on parle d'environnement et d'écologie (faites une recherche sur Internet ou dans des documents, magazines, etc.).

3. À l'intérieur de chacun de ces domaines, faites une liste des problèmes existants et proposez des solutions possibles pour chacun d'eux. Présentez à la classe votre projet.

ÉCOUTEZ

1 AUTO PARTAGE

 piste 16

1.1 Écoutez ce dialogue et répondez aux questions.

Marc : Tu n'sais pas* ce qui m'arrive ? On m'a volé ma voiture !

Alice : C'est pas* vrai ! Qu'est-ce que tu vas faire alors ?

Marc : Je ne sais pas. La police va peut-être la retrouver. En attendant, je n'ai pas vraiment d'argent pour m'en acheter une autre, même d'occasion.

Alice : Fais comme moi, deviens membre d'Auto Partage. Pourquoi tu n'essaierais pas ?

Marc : Auto comment ? Qu'est-ce que c'est ?

Alice : C'est une association qui te permet de louer une voiture à l'heure. Et ça coûte bien moins cher que d'avoir sa propre voiture. J'ai vu la différence.

Marc : Vraiment ? Combien ça coûte ?

Alice : Au départ, tu verses une caution de 350 dollars. On te rembourse ton dépôt quand tu quittes l'association. Ensuite, tu paies 12 dollars de forfait par mois, puis 4 dollars de l'heure et 20 sous du kilomètre.

Marc : Dis donc, ça a l'air bien !

Alice : Attends, ce n'est pas fini ! En plus, tu ne t'occupes ni de l'entretien de la voiture ni des frais d'assurance. L'essence est fournie. Fais le calcul, tu verras ! Mais il y a quand même des règles strictes à respecter :
- Premièrement, il faut que tu remettes la voiture à l'endroit exact où tu l'as prise.
- Deuxièmement, il est nécessaire que tu la rapportes sans retard. D'autres utilisateurs l'ont peut-être réservée après toi. Sinon, tu risques de payer une amende.
- Troisièmement, il faut que tu fasses le plein d'essence quand la jauge tombe sous la moitié. T'inquiète pas*, l'association te rembourse le coût de l'essence.
- Quatrièmement, tu dois signaler le moindre problème par écrit.

Il est important que tu lises le dépliant qui t'expliquera en long et en large le fonctionnement. Tu veux que je t'en fasse une photocopie ?

Marc : Ouais, avec plaisir !

Alice : Tu peux également consulter leur site : www.autopartage.com.

1. Qu'est-il arrivé à Marc ?
2. Pourquoi ne peut-il pas s'acheter de voiture ?
3. Que lui propose Alice ?
4. Quelles sont les conditions d'adhésion à l'association Auto Partage ?
5. Quelles sont les règles à suivre ?

> ** À l'oral, on omet souvent le **e** de la négation **ne**. Dans certains cas, on élimine le **ne**.*

2 LA PROTECTION DE L'ENVIRONNEMENT

 piste 17

2.1 Écoutez, puis répondez aux questions.

Dites de chacun des énoncés s'il est vrai ou faux.
1. Les scientifiques s'inquiètent de la situation environnementale.
2. Il faut investir plus dans l'environnement.
3. L'environnement n'est pas très présent dans les débats politiques.
4. Les glaciers fondent au rythme prévu.
5. Les écologistes sont satisfaits du ministre.
6. Il faut que l'environnement soit au centre des préoccupations de tous les ministères.

2.2 Écoutez de nouveau l'enregistrement et relevez les verbes au subjonctif.

2.3 Écoutez de nouveau l'enregistrement et relevez le vocabulaire de l'environnement.

2.4 Pour chaque question, choisissez la réponse conforme à ce qui est dit dans l'enregistrement.

1. Quel rôle les scientifiques doivent-ils jouer en ce qui concerne la protection de l'environnement ?
   a) Les pollueurs sont les seuls responsables.
   b) Ils doivent faire comprendre que tout le monde est responsable de la situation environnementale.
   c) L'État est seul responsable.
   d) Aucune des réponses ci-dessus n'est la bonne.

2. Avez-vous le sentiment que vos avertissements sont entendus ?
   a) Jusqu'à récemment, l'État n'avait pas réalisé l'urgence de la situation.
   b) Les écologistes pensent que les politiciens agissent enfin en faveur de l'environnement.
   c) D'après le spécialiste, le monde politique ne s'intéresse qu'à l'argent.
   d) Les glaciers fondent petit à petit.

3. On constate que les ministres de l'Écologie des pays occidentaux parlent désormais de développement durable, n'est-ce pas ?
   a) L'environnement ne devrait pas être l'affaire d'un seul ministère.
   b) C'est le ministère des Finances qui gère surtout l'environnement.
   c) Les promesses faites par les ministres sont tenues.
   d) Tous les ministères font de l'environnement leur principale préoccupation.

PRONONCEZ

1 LE SUBJONCTIF

- Il faut clairement distinguer **avoir** et **aller**.

  que j'aie (**avoir**)

  que j'aille (**aller**)

- La voyelle nasale au présent de l'indicatif devient voyelle orale + [n] au subjonctif.

  *je v**iens**, que je v**ienne***

  *il pr**end**, qu'il pr**enne***

- On ajoute le son [j] avant la terminaison des 1re et 2e personnes du pluriel du subjonctif.

  *nous appel**ons**, que nous appel**ions***

  *vous all**ez**, que vous all**iez***

Notez que ces deux formes sont identiques aux formes correspondantes de l'imparfait de l'indicatif.

*nous **partions**, que nous **partions***

*vous **alliez**, que vous **alliez***

> **Attention :** On ne prononce pas la terminaison **ent** des divers temps verbaux.
> *Qu'ils sachent* se prononce [kilsaʃ] et non pas [kilsafɑ̃].

 1.1 Écoutez et indiquez si le deuxième verbe est à l'indicatif ou au subjonctif.

    1. ✳   4. ✳

    2. ✳   5. ✳

    3. ✳   6. ✳

1.2 Lisez les phrases suivantes.

1. Il faut que tu aies le réflexe écologique.
2. Je veux que nous prenions conscience du problème.
3. Je ne pense pas que nous ayons l'argent nécessaire.
4. Il faut faire de grands efforts pour que la planète aille mieux.

2 LES LIAISONS INTERDITES

Il existe des cas où l'on ne fait jamais de liaison. En voici deux :

- entre la préposition **à** et le mot qui la précède ;

  règles à respecter [ʀɛglaʀɛspɛkte]

- entre la conjonction **et** et le mot qui la suit.

  social et écologique [sɔsjaleekɔlɔʒik]

2.1 Lisez les phrases et les expressions suivantes.

1. en long et en large
2. à tort et à travers
3. Nous polluons et nous détruisons.
4. des problèmes à l'échelle de la planète
5. Cette situation est grave et inquiétante.

3 LA LETTRE E DITE CADUQUE OU MUETTE

- Lorsqu'on ne prononce pas la lettre **e** à l'intérieur ou à la fin d'un mot, on parle de **e caduc** ou **muet**.

  fenêtre [fnɛtʀ]

  On va la retrouver. [ɔ̃valaʀtʀuve]

- Cependant, on doit prononcer la lettre **e** quand c'est nécessaire pour éviter les séquences de trois consonnes.

  Qu'est-ce que tu veux? [kɛskətyvœ]

- À l'oral, on omet souvent le **e** dans la négation **ne**.

  Je n'sais pas. [ʒənsɛpa]

- Parfois, à l'oral, on ne prononce pas le **n'**.

  Je sais pas. [ʒsɛpa]

 piste 19

3.1 Écoutez et répétez.

1. le chang**e**ment
2. rapid**e**ment
3. à d**e**main
4. sam**e**di

5. Ça m**e** va.
6. Ça m**e** convient.
7. Tu l**e** sais.
8. Tu n**e** le vois pas.

3.2 Lisez les phrases suivantes. Omettez de prononcer la voyelle **e** quand c'est possible.

1. le changement climatique
2. le traitement du dioxyde de carbone
3. Regarde ce qui m'arrive.
4. Je n'ai pas d'argent.
5. Tu verses une caution.

piste 20

3.3 Écoutez et notez les causes.

1. ✳
2. ✳
3. ✳

4. ✳
5. ✳
6. ✳

ÉCHANGEZ

EXPRESSIONS POUR RÉAGIR À UNE SITUATION

Réagir aux conséquences d'un événement

Ça suffit comme ça !

C'est vraiment inquiétant.

Ça ne peut pas continuer comme ça.

Je m'inquiète vraiment.

C'est révoltant !

Je trouve cela vraiment inquiétant.

Ça me rend malade ! Ça me rend triste !
(rendre + adjectif)

Donner une explication

Cela / Ça s'explique par…

Cela / Ça vient de (venir de)… / Cela provient de (provenir de)…

Cela / C'est dû à… (être dû)

Cela / Ça entraîne… (entraîner)

Exprimer l'obligation

Il faut vraiment faire quelque chose !

On devrait agir tout de suite.

Il faut que chacun fasse un effort.

Proposer une solution

Il faudrait + infinitif

Il faudrait que + subjonctif

On devrait / On doit + infinitif

Recyclons davantage !

Soyons plus responsables…

Exprimer l'optimisme

Ne t'inquiète pas. Ça va s'arranger.

Il n'y a pas de quoi s'inquiéter.

1. Lisez les légendes sous les photos suivantes. Par groupes de deux, réagissez à chaque situation et proposez une nouvelle légende pour chaque photo. Utilisez les expressions et le vocabulaire du tableau ci-dessus.

A

*Ça ne peut pas continuer comme ça.
Il faut que chacun fasse un effort.*

B

*Ça suffit !
Arrêtons le massacre !*

C

*Tiens, c'est une excellente idée !
Je devrais faire la même chose.*

2. Choisissez une de ces deux mises en situation. Par groupes de deux, préparez la scène en utilisant les expressions du tableau ci-contre et les expressions de but, de cause et de conséquence (p. 46 et 47).

1. Vous prenez rendez-vous avec votre professeur pour lui expliquer que vous allez changer de cours. Donnez-lui une bonne explication.

2. Le maire de votre ville a décidé de mettre à la disposition de tous un parc de bicyclettes en libre-service. Il explique à la presse le but du projet et les conséquences d'une telle initiative sur les habitants.

3. Par groupes de deux, complétez ces phrases en utilisant des expressions de cause, de conséquence ou de but comme dans l'exemple. Attention, certaines expressions doivent se mettre au début de la phrase.

*Au bord du lac, la municipalité a affiché un panneau «Baignade interdite» **à cause de** la mauvaise qualité de l'eau.*

comme	puisque	en raison de	à cause de
grâce à	donc	alors	afin de

1. Elle a abandonné sa course.
2. J'ai raté mon bus.
3. Les appartements sont chers dans ce quartier.
4. Le musée est fermé.
5. Mes parents ont pu réaliser le voyage de leurs rêves.
6. Le professeur a refusé de m'accorder une autre chance.
7. Nous n'avons pas cours lundi.

4. Par groupes de deux ou trois, discutez des mesures qui devraient être prises pour aider à sauvegarder l'environnement :
- dans votre université ;
- sur votre lieu de travail ;
- dans le quartier où vous habitez.

RÉDIGEZ

1 LA STRUCTURE DU PARAGRAPHE EN GÉNÉRAL

De manière générale, le paragraphe est un ensemble de phrases qui s'enchaînent de façon logique :

- on introduit un fait, un constat, une idée générale ;
- on y apporte un développement, des précisions, des explications ;
- on illustre l'idée générale au moyen d'exemples ;
- on apporte une brève conclusion, une conséquence.

Des mots charnières

- Pour exprimer la chronologie ou l'ordre des données : **tout d'abord**, **puis**, **ensuite**, **enfin**…
- Pour ajouter des informations : **de plus**, **par ailleurs**, **également**…
- Pour ajouter une précision : **d'ailleurs**…
- Pour exprimer la cause et la conséquence : **parce que**, **car**, **donc**…

1.1 Complétez ce paragraphe avec le mot charnière qui convient le mieux.

> d'ailleurs   donc   tout d'abord   aussi

Pour améliorer la qualité de l'air dans les villes, le citadin doit modifier son comportement et ses habitudes de vie. Il faut ✳ qu'il accorde plus d'importance au transport en commun qu'au transport automobile. Il peut ✳ se déplacer à bicyclette ou à pied pour de plus courtes distances. ✳ certaines villes ont déjà mis à la disposition de leurs habitants un parc de bicyclettes. Ceux-ci peuvent dorénavant emprunter une bicyclette à n'importe quelle station. Voici ✳ une excellente initiative à encourager dans d'autres villes.

1.2 Expliquez comment on peut s'améliorer en français. Utilisez des mots tels que **tout d'abord, puis, ensuite**…

2 LE PARAGRAPHE EXPLICATIF

Le paragraphe explicatif a pour but de faire comprendre à l'aide d'une explication un comportement ou un phénomène scientifique, environnemental, psychologique… Il peut aussi vouloir convaincre et faire agir pour changer un comportement.

Le tourisme de masse est néfaste à l'environnement.	Fait, constat
*Les touristes occidentaux voyageant dans des pays méditerranéens consomment beaucoup plus d'eau que la population locale. Avec leurs habitudes occidentales, les visiteurs gaspillent **donc** de plus en plus cette ressource si précieuse. Se rendent-ils vraiment compte de la situation ? **De plus**, dans de nombreuses contrées où le tourisme se veut luxueux, l'aménagement de terrains de golf a un effet nuisible sur la biodiversité.*	Comportement Conséquence Autre conséquence
C'est en prenant conscience de l'influence de ce type de tourisme sur l'environnement que chaque personne peut et doit agir pour y mettre fin et réfléchir à un tourisme de type différent.	Conclusion

2.1 Rédaction d'un dépliant touristique

1. Lisez le document sur le tourisme écologique en Guadeloupe.
2. Choisissez un pays francophone à visiter et entreprenez une recherche sur les différents attraits de ce pays afin de le présenter de façon intéressante.
3. Afin de bien réussir votre dépliant :
   – pensez à bien structurer vos paragraphes ;
   – utilisez les expressions en caractères gras du dépliant ci-dessous ;
   – variez les temps des verbes : présent, impératif, subjonctif ;
   – utilisez les expressions de cause, de conséquence et de but.

Le **tourisme écologique** en **Guadeloupe**

L'écotourisme est la seule alternative qui assure la préservation de tout ce qui fait la richesse des régions visitées. C'est un tourisme qui s'inscrit dans la durée pour que nos enfants et nos petits-enfants puissent à leur tour y goûter. C'est un tourisme de nature et d'aventure, un tourisme responsable et respectueux de l'environnement, de la culture et des traditions locales. Sa vocation est de réduire autant que possible la pression subie par ces milieux souvent fragilisés.

Nous, professionnels de l'écotourisme, sommes associés au sein de l'AGE pour vous faire découvrir une Guadeloupe authentique, proche de la nature et des gens.

Tous différents dans nos activités — mais complémentaires dans une démarche et une réflexion communes —, nous partageons une même éthique de respect des personnes et du patrimoine. Nous œuvrons pour que ce concept s'inscrive durablement dans le cadre du développement socio-économique local. Amoureux de la Guadeloupe, nous privilégions un tourisme à visage humain. Chez nous, vous serez reçus comme de véritables amis plutôt que comme de simples clients.

Avec nous, venez découvrir la vanille, le café, la canne à sucre et toutes ces cultures qui ont modelé le visage de l'île. Parcourez les chemins de montagne le long des crêtes…

Sur nos sites, dans nos musées, rencontrez des passionnés qui vous feront partager leurs connaissances et leur enthousiasme.

Venez vous ressourcer dans des jardins magiques et laissez-vous envoûter par les chants de Manman Dlo.

Parcourez, en douceur, accompagnés de guides compétents, des milieux naturels encore préservés : l'étonnante mangrove, les récifs coralliens ou la majestueuse forêt tropicale.

Source : http://www.age.ecotourisme.org/

module 3

RAPPEL GRAMMATICAL

❭ L'IMPÉRATIF

Les verbes à l'impératif s'emploient sans sujet. Les trois formes de l'impératif correspondent à **tu**, **nous** et **vous**.

- Les verbes **créer** et **réduire**

Présent de l'indicatif	Impératif présent	Présent de l'indicatif	Impératif présent
Tu crées	Crée (**sans s**)	Tu réduis	Réduis
Nous créons	Créons	Nous réduisons	Réduisons
Vous créez	Créez	Vous réduisez	Réduisez

> **Attention :** Le **s** de la deuxième personne du singulier du présent de l'indicatif disparaît pour les verbes en **er** et le verbe **aller** :
> *tu aimes, aime*   *tu vas,* **va**

- On utilise l'impératif :
  - pour donner un conseil ;
    Les poissons sont en train de mourir. **Purifions** *les eaux du lac.*
  - pour donner un ordre ;
    Économisez *l'énergie.*
  - pour faire une demande, une requête.
    Agissez, *s'il vous plaît.*
- À la forme négative, **ne** se place devant le verbe.
  Ne parle pas.
- L'impératif des verbes **être**, **avoir**, **vouloir** et **savoir** est irrégulier.

Être	Avoir	Vouloir	Savoir
Sois	Aie	Veux (veuille)	Sache
Soyons	Ayons	Voulons	Sachons
Soyez	Ayez	Voulez (veuillez)	Sachez

Sois *rassurée : nous nous occuperons de ce problème.*
Aie *confiance.*
Veuillez *respecter le règlement.*
Sachez *répondre.*

▦ L'impératif des verbes pronominaux

Se promener
Promène-toi
Promenons-nous
Promenez-vous

*Tu es fatigué, couche-***toi** *tôt ce soir.* (forme positive : le pronom **te** devient **toi** et se place **après** le verbe.)

Tu as un examen demain, ne **te** *fatigue pas.* (forme négative : le pronom se place **devant** le verbe.)

Soyez à la p@ge !

Objectifs communicatifs

Parler des nouvelles technologies

Comparer

Argumenter

Sommaire

module 4

Le téléphone
portable

Le téléphone portable*, tout le monde en possède un ou presque.
Pourtant, certains résistent encore à la tentation.

*Au Québec, on emploie le terme **cellulaire** pour désigner le téléphone portable,
le terme **portable** étant réservé pour parler de l'ordinateur portable.

1. Avez-vous compris le sens global des images? Commentez-les.

   1. Qu'est-ce que le «portable» a changé dans la vie en société?

   2. Quel profil d'individus le «portable» a-t-il créé?

   3. Qu'est-ce qui explique le succès du portable?

 piste 21   ## 2. Écoutez cette interview de Robert Rochefort par la journaliste Caroline Ostermann, puis répondez aux questions.

   1. Quel est le but de l'interview de Caroline Ostermann?

   2. Selon cette interview, quel cadeau de Noël est le plus populaire?

   3. Combien de temps le téléphone à fil a-t-il pris pour se démocratiser?

   4. Lorsqu'on téléphone à quelqu'un sur un portable, quelle est la première phrase
      que l'on prononce?

   5. Quelle est la différence entre le téléphone fixe et le téléphone portable?

Techno-stress,
bug sur nos neurones

Elles sont censées nous rendre la vie plus facile. Hélas! Plus les nouvelles technologies se répandent, plus elles représentent, pour nous, une source de frustration. Il y a l'ordinateur qui coince[1] chez le coiffeur. La patronne s'entête: tant qu'elle n'a pas rempli toutes les cases de l'écran, elle ne peut encaisser votre paiement. Et c'est interminable. Au bureau, le techno-stress s'est durablement installé. Le réseau tombe toujours en panne au moment précis où vous devez imprimer un rapport ou envoyer un courriel d'urgence. Ah, le courriel: combien de temps vous aura-t-il fallu pour lire les 250 messages qui vous attendaient à votre retour de vacances? La vie en « Cybérie » se déroule ainsi, au rythme des sonneries de téléphones portables et des bugs, dans un paysage bondé d'informations, de codes secrets et de mots de passe. Vive les nouvelles technologies!

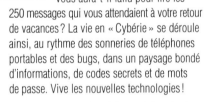

Le techno-stress s'introduit aussi dans la vie quotidienne. [...] Un salarié américain passe deux à trois heures par jour chez lui avec des appareils issus des nouvelles technologies, soit deux fois plus de temps qu'il y a cinq ans. Cause majeure de ce techno-stress: les gadgets électroniques (agenda, lecteurs de DVD, etc.)

1. Coince: qui ne fonctionne pas.
2. Faire basculer: faire entrer.

encore trop complexes. [...] En ce qui concerne le téléphone portable, on assiste il est vrai à une explosion des ventes, mais selon Luc Balleroy, directeur des études télécoms de la Sofres, « un individu sur cinq retourne au magasin dans les quatre premières semaines »: difficulté à comprendre le mode d'emploi, etc.

Les nouvelles technologies nous déstabilisent plus profondément que nous l'imaginons. Leur intelligence nous a fait basculer[2] dans l'ère de l'information et du virtuel. Le travail, par exemple, se dématérialise. Traitement de texte et commerce électronique nécessitent que nous nous en fassions des représentations mentales. En clair, nous avons de plus en plus de choses en tête et, pour tout traiter, il nous faut trier, assimiler, réagir de plus en plus vite. [...]

Une autre source de stress vient de l'hyperchoix. Dans notre quotidien, nous faisons face à des dilemmes permanents dans la gestion de notre temps (j'appelle le dentiste maintenant au bureau ou j'attends d'être rentré chez moi?), de l'information (garder ou jeter), etc. Cliquer sur un lien hypertexte est toujours tentant, avant même de lire la page affichée sur l'écran. Et de lien en lien, on finit par se retrouver sur un site dont le contenu est très éloigné de la recherche de départ! [...]

Source: Adaptation de « Techno-stress, bug sur nos neurones », *Eurêka*, octobre 2000, p. 34.

Lisez le texte, puis répondez aux questions.

1. Après la lecture de ce texte, est-ce qu'on peut dire « vive les nouvelles technologies »?
2. Est-ce que les nouvelles technologies nous rendent vraiment la vie plus facile? Nous font-elles gagner du temps?
3. Dans votre vie quotidienne, êtes-vous soumis ou soumise à ce genre de stress? Donnez des exemples.
4. Internet représente-t-il un outil efficace pour entreprendre des recherches?
5. Comment comprenez-vous l'expression « l'ère de l'information et du virtuel »?

APPRENEZ DE NOUVEAUX MOTS

⟩1 LA TÉLÉPHONIE

Noms	Verbes et expressions
l'afficheur	afficher sur l'écran
la messagerie, la boîte vocale	allumer / éteindre son portable
le combiné	appeler d'un portable
un appel	consulter sa messagerie, sa boîte vocale
un cellulaire	écouter / effacer un message
un correspondant	mettre en attente
un téléphone fixe, un appareil fixe	Ne quittez pas.
un téléphone portable	téléphoner à quelqu'un
un usager / utilisateur	

1.1 À l'aide du tableau ci-dessus, trouvez le mot ou l'expression qui manque.

1. Un téléphone relié à une prise téléphonique est appelé un ✳.
2. Le ✳, appelé aussi portable, est de plus en plus populaire.
3. On consulte sa ✳ pour savoir si on a des messages.
4. Quand on allume son portable, on voit diverses informations sur l'✳.
5. Nous demandons aux spectateurs de bien vouloir ✳ leurs portables.

1.2 Complétez les phrases avec les verbes ci-dessous.

consulter	effacer	mettre en attente	ne quittez pas
	sauvegarder	télécharger	

1. Quand mon portable a sonné, j'ai manqué l'appel et j'ai dû ✳ ma boîte vocale.
2. Comme j'avais trop de messages, j'ai décidé d'✳ les anciens et de ne ✳ que le dernier.
3. On peut ✳ toutes sortes de sonneries à partir d'Internet.
4. ✳. Nous essayons de joindre votre correspondant.
5. Excuse-moi, je vais devoir te ✳, car j'ai quelqu'un d'autre en ligne.

〉**2** LES TECHNOLOGIES DE L'INFORMATION ET DE LA COMMUNICATION (TIC)

Noms		Verbes et expressions	
Internet	un numériseur	cliquer	sauvegarder un document
le commerce électronique, le commerce en ligne	un ordinateur	consommer, effectuer un achat	se connecter
	un réseau		surfer, naviguer
le traitement de texte	un site Web	dépendre de	télécharger
un document	un téléchargement	effacer	tomber en panne
un fichier	une clé USB	être en ligne	traiter l'information
un logiciel	une connexion	faire attention à	trier
un internaute	une imprimante	fonctionner	vérifier, envoyer ses courriels
un lien	une souris	numériser	

2.1 Complétez les phrases suivantes à l'aide des mots du tableau ci-dessus.

1. Quand je suis sur Internet, je peux aussi dire que je suis ✳.
2. Une fois que je l'ai allumé, j'essaie tout de suite de me connecter. Il s'agit de mon ✳.
3. Si je ne les classe pas dans l'ordre alphabétique et si je ne les sauvegarde pas fréquemment après les avoir créés, je ne sais plus comment les retrouver! Ce sont des ✳.
4. Pour ne pas perdre la musique de mes vieilles cassettes audio, je vais la transférer et la mettre en format MP3; je vais donc ✳ cette musique.
5. C'est comme cela qu'on appelle tous les gens qui surfent sur Internet: des ✳.
6. Je suis artiste et je suis contre cela si c'est gratuit, parce qu'alors je ne peux plus vivre de ma musique. Je parle des ✳ gratuits.

2.2 Complétez les phrases avec le terme qui convient.

1. Mon (imprimante, imprimeur) ✳ est tombée en panne.
2. De plus en plus d'internautes dépendent (de, sur) ✳ la technologie.
3. Pour trouver des informations, je (navigue, vais) ✳ sur Internet.
4. J'utilise beaucoup le (traitement de texte, réseau) ✳ pour rédiger des documents.
5. Je classe mes documents informatisés dans des (fichiers, logiciels) ✳.
6. Je dois acheter un/une (ordinateur, clé USB) ✳ pour stocker de l'information.

OBSERVEZ ET EMPLOYEZ LES STRUCTURES

1 LES PRONOMS POSSESSIFS

Observez.

> – Il y a un téléphone qui sonne là. C'est **le vôtre**?
> – Non, ce n'est pas **le mien**.

- **Le vôtre** et **le mien** remplacent tous deux le même terme. Lequel?
- Pourquoi y a-t-il l'article **le**?
- Pourrait-on omettre l'article devant **vôtre** et **mien**? Pourquoi?

■ Emploi des pronoms possessifs

- Le pronom possessif remplace un groupe nominal. Il exprime la possession.
- Pour le distinguer de l'adjectif possessif, on doit ajouter un article défini.
  leur portable → *le leur*
- Le genre et le nombre de l'article correspondent au genre et au nombre du groupe nominal remplacé.
  mon téléphone → *le mien*   *leur musique* → *la leur*   *tes amies* → *les tiennes*

Le possesseur	Un objet ou un être		Plusieurs objets ou plusieurs êtres	
	Masculin	**Féminin**	**Masculin**	**Féminin**
Je	le mien	la mienne	les miens	les miennes
Tu	le tien	la tienne	les tiens	les tiennes
Il / Elle	le sien	la sienne	les siens	les siennes
Nous	le nôtre	la nôtre	les nôtres	les nôtres
Vous	le vôtre	la vôtre	les vôtres	les vôtres
Ils / Elles	le leur	la leur	les leurs	les leurs

Attention:
- On ajoute un accent circonflexe sur le **o** de **notre** et de **votre** pour former les pronoms possessifs correspondants.
  notre portable → *le nôtre*
- Le possessif **leur** varie en nombre, alors que le pronom personnel **leur** est invariable.
  *Je **leur** ai donné **leurs** bottes de ski. Je **leur** ai donné **les leurs**.*

1.1 Remplacez chaque groupe nominal par un pronom possessif comme dans l'exemple.

Mon téléphone: le mien

1. mon imprimante	3. votre fichier	5. nos réseaux
2. son travail	4. tes sonneries	6. leurs ordinateurs

1.2 Complétez les phrases suivantes en utilisant un pronom possessif.

1. J'ai oublié ma clé USB, as-tu apporté ✱?
2. Cet ordinateur coûte trop cher, je préfère garder ✱!
3. Sauvegardez vite vos fichiers! Les élèves de l'autre groupe ont déjà sauvegardé ✱.
4. Elle n'a pas apporté son portable, heureusement que nous avions ✱.
5. Comment? Vous avez perdu votre cellulaire? Prenez ✱.

❷ LES PRONOMS RELATIFS

Observez.

> **Phrase 1:** *J'ai trouvé un site Web intéressant.*
> **Phrase 2:** *Ce site donne des critiques sur les films de la semaine.*
> **Phrase 3:** *J'ai trouvé un site Web intéressant qui donne des critiques sur les films de la semaine.*

- On est passé de **deux phrases simples** (phrases 1 et 2) à **une phrase complexe** (phrase 3). Par quel procédé?

LES PRONOMS QUI, QUE, QUOI, DONT, OÙ

- Un pronom relatif remplace un groupe nominal que l'on a mentionné antérieurement appelé **antécédent**.

  *C'est **le livre** [**que** je vous ai prêté].*

  Dans l'exemple, **le livre** est l'antécédent et **que** est un pronom relatif qui le remplace.

- Le choix du pronom relatif dépend de la fonction syntaxique qu'il remplit à l'intérieur de la proposition relative. Il ne dépend pas de l'antécédent.

▪ Qui

Qui est sujet du verbe. Son antécédent peut être une personne ou une chose.

*C'est **l'actrice** [**qui** jouera ce soir].*   *Ils ont acheté **une maison** [**qui** est vraiment très grande].*
   antécédent   antécédent

▪ Que

Que est le complément d'objet direct du verbe. Il répond à la question **quoi**.

*L'ordinateur [**que** j'utilise] est très performant.*
   antécédent

▪ Dont

Dont remplace une personne ou une chose. Il est le complément de verbes qui requièrent normalement la préposition **de** comme **parler de**, **avoir envie de**, **avoir besoin de**.

*La **personne** [**dont** je te parle] vient de New York.* (parler **de** quelqu'un / quelque chose)
   antécédent

*Le **livre** [**dont** j'ai besoin] est à la bibliothèque.* (avoir besoin **de** quelqu'un / quelque chose)
   antécédent

*C'est **l'écrivain** [**dont** j'ai lu le livre].* (le livre **de** l'écrivain)
   antécédent

▪ Où

Où est complément de lieu ou de temps.

*La **Normandie**, [**où** nous avons passé nos vacances], est un lieu formidable.*
(nous avons passé nos vacances en **un certain lieu**)

*Le **jour** [**où** je suis née] il pleuvait.* (je suis née **un certain jour**)

Attention: Quand le pronom relatif est complément de temps, on utilise **où**.

   *L'année [**où** ils sont allés en Italie], il a fait très chaud.*

   Quand est ici absolument impossible à utiliser!

   L'année ~~quand~~ ils sont allés en Russie, il a fait très chaud.

2.1 Reliez le pronom relatif de chaque phrase à son antécédent.

1. L'ordinateur portable que je veux acheter coûte cher.
2. Le thème qui m'intéresse le plus porte sur l'éducation.
3. Le site Web dont je vous ai parlé est intéressant.
4. Le jour où tu décideras de venir, je prendrai des vacances.
5. Le site Web où je suis allée contenait tous les renseignements dont j'avais besoin.

2.2 Complétez les phrases suivantes à l'aide d'un pronom relatif.

1. L'écrivain ✳ il nous a parlé est italien.
2. L'endroit ✳ la prochaine conférence se déroulera n'a pas été divulgué par la presse.
3. C'est bien le fichier ✳ je cherchais.
4. Je ne me souviens plus de l'année ✳ j'ai suivi ce cours d'informatique.
5. Le message ✳ vient d'arriver est très important.

2.3 À l'aide d'un pronom relatif, reliez ces phrases simples pour former des phrases complexes.

1. Hier, j'ai acheté une clé USB. Malheureusement, j'ai déjà perdu cette clé.
2. J'ai besoin d'un nouveau logiciel de correction. Ce nouveau logiciel de correction s'appelle Antidote.
3. C'est un bon sujet de discussion. Ce sujet de discussion suscite des débats animés.
4. C'est un nouveau modèle d'ordinateur. Je t'ai parlé de ce modèle.
5. Nous avons visité les Seychelles. On parle français dans ce pays.

❙3❙ LE CONDITIONNEL PRÉSENT

Observez.

> *Si on contrôlait les téléchargements illicites, on **protégerait** les droits d'auteur des artistes.*
> *On **pourrait** dire que l'homme moderne est un « individu nomade ».*

• Quel est le mode et quel est le temps des verbes **protégerait** et **pourrait** ?

▇ Formation du conditionnel présent pour les verbes en er et en ir

Infinitif + terminaisons de l'imparfait
*aimer + **ais** → aimerais*   *finir + **ions** → finirions*

▇ Emploi

Le conditionnel est un mode verbal qui permet d'exprimer :

• une demande **polie** ;
   ***Pourriez**-vous m'expliquer comment ça marche ?*

• une **possibilité** ;
   *On **pourrait** appeler l'homme moderne un « individu nomade ».*

- un **souhait** ;

  J'aimerais tant te revoir.

- un **fait soumis à une condition**.

  *Si on contrôlait…, on **protégerait**…*

Dans ce dernier cas, on l'utilise habituellement après une subordonnée introduite par **si**. Le conditionnel est employé dans la principale et la subordonnée est alors à l'imparfait de l'indicatif.

Attention : Au conditionnel présent, l'hypothèse est réalisable.

> *Si on contrôlait…, on protégerait.* (condition présente = réalisable)

3.1   Donnez le conditionnel présent des formes verbales suivantes.

1. J'effacerai
2. Tu éteindras
3. Elle envahira
4. Nous appellerons
5. Vous mettrez
6. Ils sauvegarderont

3.2   Associez les formes verbales au conditionnel avec le contexte qui convient le mieux.

1. Pourriez-vous
2. Les artistes vivraient mieux
3. Il s'inscrirait en ligne
4. Nous voudrions
5. Je m'en irais loin d'ici

a) si on empêchait les téléchargements illicites.
b) m'envoyer ce fichier au plus vite ?
c) nous inscrire, mais comment faire ?
d) s'il avait son mot de passe.
e) si seulement je pouvais.

3.3   Complétez les phrases suivantes avec la forme correcte du conditionnel.

1. Il (falloir) ✳ protéger le droit des internautes à la vie privée.
2. Si nous téléchargions l'application, nous (pouvoir) ✳ discuter gratuitement avec nos amis.
3. S'il était impossible de téléphoner via Internet, la téléphonie classique (ne pas subir) ✳ un tel déclin.
4. Ce (être) ✳ bien que les États mettent fin à la fraude sur Internet.
5. Nous (connaître) ✳ une vie plus sereine si nous ne dépendions pas autant des nouvelles technologies.

4 LA COMPARAISON

Observez.

Plus de la moitié des internautes français (55 %) téléchargent des fichiers en toute légalité.

Les fichiers téléchargés légalement représentent en France environ 15 % du total des téléchargements, comparativement à 20 % en Grande-Bretagne et à 25 % aux États-Unis.

Un salarié américain passe deux fois plus de temps qu'il y a cinq ans avec des appareils issus des nouvelles technologies.

Les nouvelles technologies nous déstabilisent plus profondément que nous l'imaginons.

- Dans ces phrases, quelles sont les structures employées pour comparer ?

LES DEGRÉS DE COMPARAISON

Pour exprimer un degré de comparaison, on peut employer un **comparatif** ou un **superlatif**.

■ Le comparatif

- Pour comparer des objets ou des personnes, on utilise **plus**, **moins** ou **aussi** devant l'adjectif ou l'adverbe et **que** après l'adjectif ou l'adverbe.
  *Nous sommes **plus** stressés **qu'**il y a 20 ans.*
  *La technologie est peut-être **moins** efficace **que** nous ne le pensons.*

Adjectifs	Comparatifs	Adverbes	Comparatifs
bon / bonne	meilleur / meilleure	bien	mieux
mauvais / mauvaise	plus mauvais ou pire	mal	plus mal

- Quand la comparaison porte sur un nom, on utilise **plus de**, **moins de** ou **autant de** suivi de **que**.
  *Nous avons **moins de** temps libre **qu'**il y a quelques années.*

■ Le superlatif

- On forme le superlatif avec **le**, **la**, **les plus** ou **moins** suivi de l'adjectif qui s'accorde avec le nom.
  *C'est le téléphone **le plus** moderne.*   *Ce sont les cours **les plus** intéressants.*

- Parfois, on ajoute un complément introduit par **de**.
  *C'est **le plus** moderne **des** téléphones portables.*

- Avec l'adverbe, on utilise **le** suivi de **plus** ou **moins**.
  *Viens **le plus** tôt possible.*

■ D'autres mots de comparaison

- Comparaison d'égalité : **même**, **comme**, **semblable / identique**
  *Il est **comme** son père.*
  *Tu as payé le **même** prix que moi.*
  *Ma sœur et moi, nous avons des goûts **semblables**.*

- Comparaison d'inégalité : **comparativement à**, **en comparaison de / à**
  *Les résultats de cette année sont bons **comparativement à** ceux de l'année dernière.*
  *Nous étudions beaucoup plus **en comparaison de** nos amis.*

- **Par rapport à**
  *Il y a eu plus de catastrophes naturelles cette année **par rapport à** l'année dernière.*

- Idée d'opposition : **contrairement à**
  ***Contrairement à** mon frère, je peux écouter de la musique et étudier en même temps.*

LA PROGRESSION

On utilise **de plus en plus**, **de moins en moins**, **de mieux en mieux** ou **de pire en pire** pour exprimer une idée de progression.
*Il nous faut réagir **de plus en plus** vite.*

Attention : On ne met jamais l'article **le** devant **moins** et **plus** dans les expressions
plus… plus, moins… moins, plus… moins et moins… plus.
Plus une matière première est rare, plus elle est chère.
Et non ~~Le plus une matière est rare, le plus elle est chère.~~

4.1 Complétez chaque phrase avec **de** ou **que**.

1. La popularité du portable est plus grande ✳ celle du téléphone fixe.
2. Le portable a mis moins ✳ 10 ans pour s'implanter solidement.
3. Je reçois plus ✳ 300 messages par semaine.
4. Autant ✳ Français que d'Africains utilisent le portable.
5. Le train n'est pas aussi rapide ✳ l'avion.

4.2 Formez des phrases en établissant une comparaison comme dans l'exemple.

Mon portable fonctionne bien ; le tien fonctionne très bien.
*Il fonctionne **mieux que** le mien.*

1. Mon ordinateur est bon ; le tien est très bon.
2. Ta musique me plaît ; la mienne me plaît beaucoup.
3. Votre lecteur paraît bon ; le mien s'avère très bon.
4. Ma clé USB est perfectionnée ; la tienne est moins perfectionnée.
5. Cet ordinateur est rapide ; le mien est également rapide.

4.3 Répondez en utilisant **de plus en plus, de moins en moins, de mieux en mieux**.

1. Est-ce que Valérie a arrêté d'utiliser son portable en classe ? Non, ✳.
2. Est-ce que les élèves travaillent mieux ? Oui, ✳.
3. Le nouvel employé arrive-t-il toujours en retard ? Non, ✳.
4. Les jeunes vont certainement arrêter de télécharger des chansons, n'est-ce pas ?
   Au contraire, ✳.
5. Les nouvelles technologies sont-elles de plus en plus faciles à utiliser ? Non, ✳.

4.4 Utilisez des expressions de comparaison pour exprimer la progression. Choisissez trois des thèmes suivants.

– Les nouvelles technologies
– La vie en solitaire / la vie à deux
– La pollution atmosphérique
– Le coût de la vie
– Le réchauffement planétaire
– La vie de famille

DÉCOUVREZ...

Les nouvelles technologies

Les TIC en Afrique

Examinons les statistiques suivantes sur les technologies de l'information et de la communication (TIC) en Afrique.

Cameroun
Population : 15,5 millions d'habitants
Téléphones fixes pour 1000 personnes : 7
Portables pour 1000 personnes : 20
Ordinateurs personnels pour 1000 personnes : 3,9
Internautes : 4000

Maroc
Population : 29,6 millions d'habitants
Téléphones fixes pour 1000 personnes : 41
Portables pour 1000 personnes : 164
Ordinateurs personnels pour 1000 personnes : 13,7
Internautes : 400 000

Côte-d'Ivoire
Population : 16,8 millions d'habitants
Téléphones fixes pour 1000 personnes : 18
Portables pour 1000 personnes : 45
Ordinateurs personnels pour 1000 personnes : 7,2
Internautes : 70 000

Maurice
Population : 1,2 million d'habitants
Téléphones fixes pour 1000 personnes : 257
Portables pour 1000 personnes : 252
Ordinateurs personnels pour 1000 personnes : 109,1
Internautes : 158 000

■ Comparaison des données

Examinez ces données sur les TIC en Afrique et comparez les éléments suivants.

1. La population
2. Le nombre de téléphones fixes
3. Le taux de diffusion du téléphone portable
4. Le taux de diffusion des ordinateurs personnels
5. Le nombre d'internautes

Les cyberachats au Canada et en France

Canada

- Sept millions de Canadiens ont acheté en ligne en 2005 ; 9 millions ont magasiné* en ligne sans toutefois passer de commande.

- Les cyberacheteurs canadiens ont effectué en moyenne 5,2 commandes en ligne d'une valeur de 176 $ chacune chez des fournisseurs canadiens.

- Les grands utilisateurs d'Internet passent plus de temps seuls, moins de temps avec leur conjoint ou leur conjointe et leurs enfants, ils s'investissent moins dans les tâches ménagères.

*Au Canada, **magasiner** signifie « faire ses courses ».

Source : Enquête canadienne sur l'utilisation d'Internet (ECUI).

France

- Cinquante-huit pour cent des internautes français âgés de 18 ans et plus achètent ou commandent sur Internet ; 61 % d'entre eux sont des hommes et 54 %, des femmes.

- Quatre-vingt-cinq pour cent des internautes français utilisent le paiement en ligne par carte bancaire pour leurs achats.

Sources : Service d'Information du gouvernement français et IFOP. [http://www.internet.gouv.fr]

▨ Compréhension des données

Lisez le texte, puis répondez aux questions suivantes.

1. Quel est le service le plus utilisé par les internautes français ?
2. Qui utilise l'achat par Internet et dans quelle proportion ?
3. Qui sont les plus grands utilisateurs de l'achat en ligne en France ?
4. Quelles sont les conséquences d'une large utilisation d'Internet au Canada ?
5. Remarquez-vous le même phénomène chez vous ou dans votre entourage ?

ÉCOUTEZ

❱ QUE PENSENT-ILS D'INTERNET?

 1. Écoutez et complétez le texte.

Un étudiant a fait un sondage d'opinion sur l'utilisation d'Internet.

Voici ce qu'une mère de famille a répondu.

Une mère : ✳ Internet, c'est une révolution pour de nombreuses personnes. Mine d'informations, possibilité d'✳, recherche scolaire et encore beaucoup d'autres choses, chacun y trouve son compte. ✳ je suis fermement contre les forums de discussion. Ma fille de 14 ans était exposée à un langage et à des photos pas du tout appropriés pour ce groupe d'âge. J'ai décidé de verrouiller mon ordi.

Voici ce que Charles a répondu.

Charles : Je trouve que le Net est bien pratique : on peut téléphoner ✳ à l'autre bout du monde, jouer à des jeux, ✳ de la musique ou des films. On peut participer à des forums de discussion et donner son avis. ✳, on peut faire beaucoup de choses! Mais il faut ✳ car c'est un monde virtuel. Il ne faut pas ✳ n'importe qui, et il faut ✳ ne pas se couper du monde en ne restant que sur Internet!

2. Écoutez la piste 22 une seconde fois et relevez :

1. cinq tâches possibles à réaliser grâce à Internet.
2. deux dangers possibles.

 3. Écoutez et faites l'exercice.

Repérez dans le tableau suivant les mots et expressions permettant d'exprimer la progression.

1. ✳	3. ✳	5. ✳	7. ✳	9. ✳
2. ✳	4. ✳	6. ✳	8. ✳	10. ✳

Exprimer la progression		
de plus en plus	moins… moins	empirer/se détériorer
de moins en moins	moins… plus	s'améliorer
de pire en pire	plus… plus	augmenter
de mieux en mieux	plus… moins	diminuer

❱ PRONONCEZ

 Écoutez les phrases suivantes et indiquez si vous entendez ou non le conditionnel.

1. ✳	3. ✳	5. ✳
2. ✳	4. ✳	6. ✳

❱ **1** LA VOYELLE NASALE [ɛ̃]

La voyelle [ɛ̃] est une voyelle dite **nasale** qui s'articule comme le son [ɛ], mais en laissant passer l'air par le nez.

paix [pɛ]   *pain* [pɛ̃]

En français, on l'écrit généralement **in**, **im**, **(i)en**, **ein**, **ain**.

> **Attention :** Ne dites pas [ɛ̃n] quand vous prononcez le féminin !
> *chien* [ʃjɛ̃]   mais *chienne* [ʃjɛn]

1.1 Complétez chaque phrase en ajoutant le pronom possessif comme dans l'exemple et lisez-la à voix haute.

*Si ce portable est à moi, c'est **le mien**.*

1. Si cette clé USB est à toi, c'est ✳.
2. Si cet ordinateur est à lui, c'est ✳.
3. Si ces livres sont à elle, ce sont ✳.
4. Si ce logiciel est à toi, c'est ✳.

❷ LA SEMI-VOYELLE [j]

Le son [j] est nécessaire pour distinguer le futur simple de l'indicatif du conditionnel.
On l'utilise devant le son [ɔ̃] (1ʳᵉ personne du pluriel) et le son [e] (2ᵉ personne du pluriel).
feriez [fərje]   *croirions* [kʀwaʀjɔ̃]

> **Attention :** Le **e caduc** du futur simple se prononce au conditionnel.
> *appellerons* [apɛlʀɔ̃]   mais *appellerions* [apɛləʀjɔ̃]

 25 **2.1 Écoutez et répétez. Faites attention au e caduc [ə].**

1. ✳	3. ✳	5. ✳	7. ✳
2. ✳	4. ✳	6. ✳	8. ✳

❸ LES GROUPES RYTHMIQUES

Un groupe rythmique est un ensemble de mots qui forment une unité de sens et qu'il est possible de prononcer en un seul bloc.

En règle générale, en français, on accentue la dernière syllabe des mots ou la dernière syllabe du groupe rythmique.
*Un télé**phone**. Il y a un télé**phone**. Il y a un téléphone qui **sonne**.*

> **Attention :** Les interjections (**là**, **hein**, etc.) en fin de phrase ne sont pas accentuées.
> *Il y a un téléphone qui **sonne** là.*

piste 26 **3.1 Écoutez. Combien de groupes rythmiques entendez-vous dans les phrases suivantes ?**

1. C'est le vôtre ?
2. Non je crois…
3. Non, ce n'est pas le mien ça.
4. C'est pas le vôtre ?
5. Attendez, je regarde dans mon sac.

3.2 Lisez les phrases suivantes en accentuant bien la dernière syllabe.

1. Attends.
2. Je ne peux pas trop te parler.
3. Je suis dans un magasin.

ÉCHANGEZ

〉**1** EXPRESSIONS POUR DISCUTER

Engager une conversation
Dis donc, tu sais que / tu as entendu parler de…
Dites, vous savez que…
Prendre la parole
Écoutez-moi…
Moi, je pense que…
Exactement…
D'accord, mais…
Garder la parole
Laissez-moi terminer / finir.
Attends, tu permets / Attendez, vous permettez que je termine.
Vous me permettez / Tu me permets de terminer.
Ne m'interrompez pas s'il vous plaît ! / Ne m'interromps pas constamment !
Ajouter une information
De plus, je pourrais ajouter que…
Ces faits / exemples montrent que…
Par ailleurs, on pourrait dire aussi que…
S'opposer
Je m'oppose à cette idée parce que…
Contrairement à ce que vous dites…
Faire des suggestions
Il faudrait que…
Les gens devraient…

Lisez le texte suivant, puis faites les activités en utilisant les expressions du tableau.

Le téléphone portable

Selon **Albert Jacquard**, scientifique de renom, la fascination pour le cellulaire est telle qu'innombrables sont ceux qui ne quittent jamais leur «portable». Au volant de leur voiture, en garnissant leur chariot dans un supermarché ou en promenant leurs enfants, ils poursuivent une conversation avec un interlocuteur lointain dont, bientôt paraît-il, ils pourront non seulement entendre la voix mais voir l'image. Ils ne sont plus présents là où ils agissent, et sont très peu présents là où ils sont entendus. À vouloir être partout, ils ne sont nulle part. Ce dédoublement, cette schizophrénie se répandent comme une maladie contagieuse, qui pose, pour le moins, problème.

Source: Albert Jacquard, *À toi qui n'es pas encore né(e)*, *Lettre à mon arrière-petit-enfant*, Paris, Calmann-Lévy, 2000.

1.1 Préparez quatre questions sur le texte et posez-les à un autre élève.
Comment utilise-t-on le téléphone cellulaire?

1.2 Par groupes de trois ou quatre, discutez du texte d'Albert Jacquard.
Mettez en commun vos commentaires et présentez-les à la classe.

1.3 Le téléchargement de films ou de musique met en danger le milieu artistique. Que pensez-vous du téléchargement tel qu'il est pratiqué aujourd'hui? Par groupes de trois ou quatre, préparez des arguments pour ou contre ce phénomène.

1.4 Êtes-vous pour ou contre l'enseignement en ligne?

2 DIALOGUES

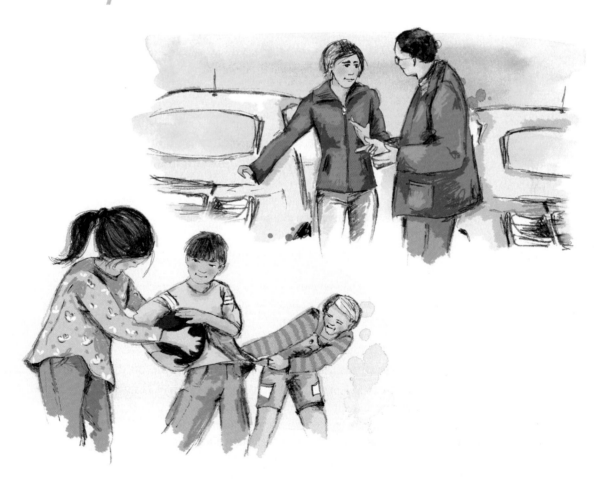

2.1 Par groupes de deux ou trois, choisissez une situation et imaginez le dialogue des personnages illustrés.

2.2 Vous êtes dans une salle d'attente. Votre portable sonne.
Vous avez oublié de l'éteindre. Vous répondez. C'est votre oncle d'Australie. Imaginez la conversation.

RÉDIGEZ

) SAVOIR DÉFENDRE UNE IDÉE : LE PARAGRAPHE ARGUMENTATIF

L'argumentation sert à défendre une idée. On argumente pour convaincre quelqu'un, pour faire partager son point de vue ou pour montrer qu'on n'est pas d'accord. Pour rédiger un paragraphe argumentatif bien structuré, il faut savoir donner des exemples qui servent à justifier et à développer son idée. Ces exemples peuvent être tirés de différents domaines (économique, scientifique, social ou historique). On utilise souvent des mots ou des expressions comme par exemple, notamment, surtout, prenons le cas de, en effet.

Le téléphone portable envahit toutes les sphères de la société : la maison, le bureau, la voiture et les transports en commun. ***Par exemple****, au restaurant, on est constamment interrompu par la sonnerie d'un portable. Toute conversation en tête-à-tête devient alors impossible.*	On introduit une idée à défendre (ou argument).
	On donne un exemple.
Autre exemple *: avant le début du spectacle, le directeur de la salle doit rappeler au public d'éteindre les portables.*	On donne un autre exemple.
En somme*, comme le dit Albert Jacquard, nous ne sommes plus nulle part en voulant être partout.*	On conclut à l'aide d'une citation.

1. Ces phrases sont dans le désordre. Mettez-les dans l'ordre. Aidez-vous des marqueurs de relation. Attention au titre !

1. Ainsi, ils comparent les prix et développent une expertise
2. notamment ceux des fabricants, des distributeurs et des passionnés.
3. Ils utilisent le Web comme un outil privilégié de recherche du meilleur rapport qualité / prix pour un bien ou un service particulier.
4. Ils deviennent aussi plus exigeants à l'égard des vendeurs des magasins traditionnels.
5. Internet à haute vitesse.
6. Internet change de plus en plus les comportements des consommateurs d'aujourd'hui.
7. Les internautes consultent de nombreux sites,
8. qu'ils n'ont jamais eue auparavant.

2. Pour chaque phrase, dites s'il s'agit d'un exemple ou d'un argument.

1. Malheureusement, j'ai perdu tout le contenu de mon fichier à cause d'un virus.
2. On croit gagner du temps, finalement on en perd.
3. C'est le cas du programme Colibri, grâce auquel des enfants à l'hôpital peuvent communiquer avec leurs enseignants et leurs camarades.
4. Des personnes sortent de leur isolement grâce à Internet.
5. La Toile permet d'être mieux informé et de trouver les meilleures promotions.
6. C'est un cas flagrant de fausse information circulant sur le Net.
7. Des journalistes professionnels ont diffusé des informations qu'ils avaient recueillies sur Internet et qui étaient fausses.
8. J'ai acheté un forfait vacances pour la Guadeloupe à un prix très intéressant.
9. Internet offre beaucoup d'options aux consommateurs.
10. Le consommateur peut notamment acheter un billet d'avion en ligne et trouver le meilleur prix.

3. Dégagez la structure du paragraphe ci-dessous. Quelle en est l'idée principale (l'argument)? Quel exemple vient illustrer cette idée? Quels mots liens sont utilisés?

Le vote par Internet

Le vote électronique est un moyen efficace de lutter contre l'abstention (faible participation des citoyens). En effet, nombreux sont les Français vivant à l'étranger qui ne votent pas à cause de la distance entre le bureau de vote et leur domicile. Internet a donc permis aux Français expatriés d'élire leurs délégués au Conseil supérieur des Français de l'étranger en juin 2006 par voie électronique. Leur participation a augmenté comparativement aux élections précédentes. Cette manière de voter représente un avantage certain.

---

4. Choisissez un avantage ou un inconvénient du vote par Internet dans le tableau ci-dessous et défendez votre idée dans un paragraphe structuré. Donnez des exemples pour illustrer votre point de vue. Entreprenez une recherche pour trouver des exemples de pays qui ont expérimenté le vote par Internet.

Avantages	Inconvénients
– Réduction des coûts	– Risque de piratage
– Augmentation du taux de participation	– Risque d'influencer la personne qui vote (elle n'est plus seule dans l'isoloir[1])
– Rapidité dans le traitement des bulletins de vote	– Confidentialité non assurée
– Grand intérêt pour les personnes qui ne peuvent pas se déplacer facilement	– Risque de manipulation informatique à distance
– Moins de personnel à embaucher	– Risque de difficultés techniques
	– Aucun contrôle du grand public : il ne peut plus participer au dépouillement[2] des votes, plus démocratique
	– Perte de la dimension rituelle du vote (urne[3], isoloir)

1. Isoloir : petite cabine où l'électeur prépare son bulletin de vote.
2. Dépouillement : opérations de décompte des bulletins de vote pour établir les résultats du scrutin.
3. Urne : boîte dans laquelle l'électeur dépose son bulletin de vote.

module 4

RAPPELS GRAMMATICAUX

L'ADVERBE

- Les adverbes en **ment** expriment la manière et modifient la force d'une opinion exprimée. On les forme de la façon suivante à partir d'un adjectif :

  - si l'adjectif au masculin se termine par une consonne, on ajoute **ment** à l'adjectif au féminin.

    *Je suis **entièrement** opposé à ce principe !*

    certain → certaine → certainement
    vif → vive → vivement
    complet → complète → complètement

  - si l'adjectif au masculin se termine par une voyelle, on ajoute **ment** à l'adjectif au masculin.

    *Il faut **absolument** savoir ce que l'on veut !*

    vrai → vraiment
    ferme → fermement
    aisé → aisément

  - si l'adjectif se termine par **ent** ou **ant**, on remplace **ent** par **emment** et **ant** par **amment**.

    ***Évidemment**, il faut reconnaître les bienfaits de la technologie.*

    patient → patiemment
    constant → constamment

- L'adverbe se place généralement après le verbe dans les temps simples et entre l'auxiliaire et le participe passé dans les temps composés.

  *Je m'oppose **entièrement** à ce projet.   Je suis **entièrement** opposé à ce principe !*

LE FUTUR SIMPLE DE L'INDICATIF

▓ Formation

- Terminaisons du futur : **ai, as, a, ons, ez, ont**

- Formation du futur simple pour les verbes réguliers :

  - INFINITIF + terminaisons du futur (verbes en **er** et en **ir**)

    *étudier + **ai** → j'étudierai   finir + **ons** → nous finirons*

  - INFINITIF moins le **e** final + terminaisons du futur (verbes en **re**)

    *prendre → prendr(e) + **ai** → je prendrai*

Verbes irréguliers les plus fréquents			
aller – j'irai	faire – je ferai	savoir – je saurai	devoir – je devrai
avoir – j'aurai	pouvoir – je pourrai	voir – je verrai	venir – je viendrai
être – je serai	recevoir – je recevrai	envoyer – j'enverrai	vouloir – je voudrai

▓ Emploi

- En plus d'exprimer une action à venir, le futur simple est utilisé pour parler d'un événement qui n'est pas certain.

  *Si nous nous éloignons des nouvelles technologies, nous **serons** moins stressés.*

- Pour donner un ordre.

  *Tu **termineras** ce travail pour demain matin.*

- Pour faire des promesses.

  *Nous **irons** au cinéma si tu termines tes devoirs.*

> **Attention :** Le futur simple est obligatoire après **quand**, **lorsque**, lorsqu'on fait référence à une situation future.
>
> *Je t'appellerai **quand** je **pourrai**.*

module 5

Dis-moi ce que **tu manges** et je te dirai **qui tu es...**

Objectifs communicatifs

Parler de la santé
Émettre des hypothèses au passé

Sommaire

80 quatre-vingt DIS-MOI CE QUE TU MANGES ET JE TE DIRAI QUI TU ES...

module 5

L'article suivant présente quelques résultats d'une étude menée auprès d'adolescents en France par la Sofres (Société française d'études par sondages) en février 2005 pour le compte de l'Institut du sommeil et de la vigilance (ISV).

Le sommeil

Facteur essentiel de votre épanouissement et d'une bonne hygiène de vie, le temps de sommeil manque pourtant à un nombre croissant d'entre vous. Pensez à votre bien-être.

Mauvaise nouvelle, 34 % des adolescents somnolent au réveil ou dans la journée selon une étude menée par la Sofres en février 2005 pour le compte de l'Institut du sommeil et de la vigilance (ISV). «Cette enquête pose question sur les causes de ces chiffres, explique le professeur Patrick Lévy, président de l'ISV. La principale porte sur la privation de sommeil chez les jeunes — d'une heure et demie à deux heures par jour —, mal compensée le week-end. La deuxième cause porte sur les problèmes de stress, d'anxiété ou d'insomnie et la troisième touche au domaine de la maladie. Ce que l'on appelle les décalages de phases d'endormissement, favorisés par une activité nocturne.» Mises en accusation, les nouvelles technologies, les heures passées devant l'ordinateur à clavarder ou à jouer, alors que l'appel du lit se fait sentir.

Conseils

Être à l'écoute de son corps et aller se coucher lorsqu'on en ressent le besoin est la première règle d'or. Le soir, éviter les activités stimulantes: l'utilisation de l'ordinateur, les *chats*, les jeux et les activités sportives. Éviter de faire ses devoirs trop tard et privilégier la lecture ou l'écriture avant de s'endormir. Le matin, au contraire, prévoir une heure de réveil régulière et une mise en route dynamisante: douche, marche et exposition à la lumière, facteur de régulation des biorythmes de l'organisme.

Source: Les clés, n° 614, du 31 mars au 6 avril 2005.

1. Lisez le texte et répondez aux questions.

1. Que font 34 % des adolescents pendant la journée?
2. À quel organisme appartient le professeur Patrick Lévy?
3. Combien d'heures de sommeil manque-t-il aux jeunes?
4. Quelles sont les causes de ce manque de sommeil?
5. Quels sont les conseils à suivre pour bien dormir?

Le plaisir
de **manger,**
un bon stimulant pour l'esprit

Manger varié, c'est aussi nourrir son esprit. «On mange par appétit de symboles, de racines, de nouveauté, de voyage, de partage. Le plaisir est au centre des repas», analyse le psychiatre Gérard Apfeldorfer. Or, notre goût, donc notre capacité à ressentir ce plaisir, se fixe autour de trois ans. Il faut donc éduquer, dès leur plus jeune âge, les enfants aux délices de menus variés. Ensuite, la néophobie alimentaire s'installe: tout ce qui est nouveau est forcément moins bon que les frites et les bonbons! Pas de quoi susciter des génies, mais des obèses, sûrement.

La guerre préventive contre l'obésité est lancée: cours de nutrition à l'école primaire, ateliers-dégustation pendant la Semaine du goût (en octobre), interdiction des distributeurs de sucreries à l'école depuis 2005.

Source: Ça m'intéresse, n° 912, février 2007, p. 61.

2. Lisez le texte ci-dessus et répondez aux questions.

1. Quelles sont les raisons pour lesquelles nous mangeons?
2. D'après le psychiatre Gérard Apfeldorfer, qu'est-ce que nous ressentons principalement quand nous mangeons?
3. Pourquoi faut-il éduquer les enfants à manger varié?
4. Qu'est-ce que la néophobie alimentaire?
5. Qu'est-ce qui a été fait pour lutter contre l'obésité?

 piste 27 ## 3. Un organisme entreprend un sondage sur le mode de vie des habitants d'une ville. Mille personnes âgées de 25 à 35 ans sont interrogées. Une enquêtrice appelle un homme d'une trentaine d'années. Écoutez le dialogue et répondez aux questions.

1. Quelle est la première question posée par l'enquêtrice?
2. Est-ce que l'homme répond de façon précise?
3. Quelle activité sportive pratique l'homme interviewé?
4. Quelles raisons donne-t-il pour justifier sa réponse à la question 3?
5. Qu'est-ce qu'il fait quand il se réveille?
6. Que pensez-vous du style de vie de cet homme?

APPRENEZ DE NOUVEAUX MOTS

1 LA SANTÉ ET L'ALIMENTATION

LA SANTÉ

Noms	Adjectifs	Verbes et expressions	
l'anorexie	anorexique	avoir un petit creux	maigrir
l'obésité	maigre	être en forme	perdre du poids
la diététicienne / le diététicien	mince	faire attention à sa ligne	perdre la forme
	obèse / gros	faire de l'exercice	prendre du poids
la nourriture bio		faire du sport	se sédentariser
la nutrition		faire un régime	se sentir bien dans sa peau
le *fast food*		grignoter	
le surpoids		grossir	
une alimentation équilibrée / saine			

L'ALIMENTATION

Les légumes	Les fruits	Les viandes et les substituts	Les produits céréaliers	Le lait et les substituts
la betterave	l'orange	la viande (le bœuf, l'agneau, le veau, le porc)	le couscous	la crème chantilly (France)
la carotte	la banane		le pain	la crème fouettée (Canada)
la laitue	la framboise	le poisson (la sole, le saumon, la truite)	le riz	la crème fraîche
la tomate	la mandarine		les céréales	
le brocoli	la mangue	le tofu	les pâtes	le beurre
le chou	la pastèque	les œufs		le fromage
le chou-fleur	la poire			le lait
le concombre	la pomme			le yaourt
le poivron	le kiwi			
les haricots verts	le melon			
	le raisin			

1.1 Complétez le texte suivant avec les mots ou expressions ci-dessous.

nourriture   alimentation saine   à pied   en forme
efforts physiques   sédentarisons   se sentir bien dans sa peau
sportif   surgelés   confort

Pour ✳, il faut avoir une bonne hygiène de vie : une ✳ et une activité physique régulière.
Mais nous nous ✳. Tout est fait pour nous faciliter l'existence : les escaliers roulants remplacent
les marches, nous prenons notre voiture pour faire deux pas et nous mangeons des plats ✳ ou
rapides qui nous ôtent le plaisir de la ✳ préparée avec amour. Il n'y a pas si longtemps, l'activité
physique faisait partie de notre quotidien. Faire son marché ✳ permettait de bouger un peu. Le
vélo était un moyen de transport pratique, économique et en même temps ✳. Si nous remontons
plus loin dans le temps, faire la lessive, le repassage étaient des activités qui exigeaient des ✳
et obligeaient à se maintenir ✳. Ce ✳ que nous créons en est-il vraiment un ?

1.2 Associez les phrases des deux colonnes.

1. Je perds du poids
2. Les diététiciennes aident à établir
3. Le frigo est de nouveau vide.
4. L'anorexie est une maladie
5. La nourriture bio est une nourriture

a) Il n'y a rien à manger.
b) qui atteint en général des adolescentes ou des jeunes femmes.
c) grâce à ce nouveau régime.
d) qui ne comporte pas de produits chimiques.
e) des régimes amaigrissants ou des régimes alimentaires équilibrés.

❷ LE SOMMEIL

Noms	Verbes et expressions	
la fatigue	avoir sommeil	passer une nuit blanche
la somnolence	bâiller	rêver
le réveil	dormir comme un loir	s'endormir
le somnifère	dormir sur ses deux oreilles	se coucher
	faire de l'insomnie	se réveiller
	faire la grasse matinée	somnoler
	manquer de sommeil	

2.1 Complétez les phrases suivantes avec les mots ci-dessous.

un somnifère   te coucher   insomnie   nuit blanche
m'endormais   manque de sommeil   avoir sommeil

1. Je suis épuisée. J'ai passé une ✳. Résultat : je ✳ et je n'arrive pas à fonctionner.
2. Va ✳, tu as l'air d'✳.
3. Quand elles ne peuvent pas dormir, certaines personnes prennent ✳.
4. Quand j'étais enfant, je ✳ dès que je posais la tête sur l'oreiller.
5. Depuis quelque temps, je souffre d'✳.

2.2 Associez chaque phrase de la colonne de gauche à la phrase équivalente dans la colonne de droite.

1. Le dimanche, je fais la grasse matinée.
2. Il somnole souvent après un repas lourd.
3. Cet enfant dort comme un loir.
4. J'aime les réveils en douceur.
5. J'ai sommeil, il est déjà 23 heures.

a) Il dort profondément.
b) J'aime me lever tard.
c) Je suis fatigué.
d) Il s'endort.
e) Je commence mes journées sans stress.

OBSERVEZ ET EMPLOYEZ LES STRUCTURES

1 LE CONDITIONNEL PASSÉ

Observez.

> *J'aurais aimé avoir une vie plus calme.*
> *J'aurais voulu pouvoir préparer des repas équilibrés, marcher tous les jours et arriver à dormir mieux.*
> *Qu'est-ce que vous auriez changé dans vos habitudes si vous aviez pu?*

• Quels sont les modes et les temps des verbes? Que remarquez-vous?

▍ Formation du conditionnel passé

On forme le conditionnel passé avec l'auxiliaire **avoir** ou **être** au conditionnel présent suivi du participe passé du verbe.

J'aurais aimé le connaître.
Nous serions partis plus tard.

▍ Emploi

Le conditionnel passé est utilisé :

• pour exprimer des regrets, des reproches ;
  Nous aurions souhaité l'aider.

• pour parler d'un événement non confirmé.
  L'accident aurait fait 20 morts.
  Les responsables auraient trouvé la mort.

Le conditionnel passé est utilisé après certaines locutions :
Au cas où le métro serait tombé en panne, vous auriez pris un taxi.

1.1 Conjuguez les verbes entre parenthèses au conditionnel passé.

1. J' (vouloir) ✳ revenir à ce moment précis où ma vie a changé.
2. Nous (aimer) ✳ le revoir. Dommage! Il est parti trop tôt.
3. Comment? Vous ne l'avez pas vu? Vous (devoir) ✳ vous dépêcher.
4. Dix personnes (trouver) ✳ la mort dans l'explosion.
5. Tu (pouvoir) ✳ faire plus d'efforts, non?

2 L'HYPOTHÈSE AVEC SI AU PASSÉ

Observez.

> *Si tu l'avais voulu, nous aurions pu être heureux ensemble.*

• Que remarquez-vous?

SI + PLUS-QUE-PARFAIT ET CONDITIONNEL PASSÉ

On fait une hypothèse avec **si** sur un événement qui n'a pas eu lieu.
Si j'y avais pensé, je l'aurais invité.

2.1 Mettez les verbes entre parenthèses au conditionnel passé ou au plus-que-parfait.

1. Si les écoles (prendre) ✳ en considération l'horloge biologique des adolescents, elles auraient commencé leur journée plus tard.
2. Nous (souhaiter) ✳ que notre rythme de vie soit plus calme.
3. J'ai appris que tu (être) ✳ malade.
4. Tu (pouvoir) ✳ m'appeler.
5. Je (ne jamais penser) ✳ qu'il soit si malade.
6. Si je n'avais pas pris de somnifère, je (ne pas s'endormir) ✳.

2.2 Mettez les verbes entre parenthèses à la forme qui convient.

1. Si nous avions fait attention, nous (ne pas avoir) ✳ d'accident.
2. Si tu (être) ✳ en forme, tu aurais pu skier toute la journée.
3. Nous (vivre) ✳ dans un monde meilleur, si nous n'avions pas détruit l'environnement.
4. Vous auriez été bien reçus, si vous (venir) ✳.
5. S'ils (savoir) ✳ qu'il y aurait tant de monde, ils (annuler) ✳ leur réservation.

3 LE FUTUR ANTÉRIEUR

Observez.

> *Je me reposerai quand j'aurai terminé ce travail.*
> *Nous partirons quand cette émission sera finie.*

• Combien y a-t-il de verbes dans chacune des phrases?
• Laquelle des actions a lieu avant l'autre?
• Que pouvez-vous dire sur le temps des verbes?

Formation du futur antérieur

- Le futur antérieur marque l'antériorité par rapport au futur simple. L'action exprimée au futur antérieur précède l'action exprimée au futur simple.

- On forme le futur antérieur avec l'auxiliaire **être** ou **avoir** au futur simple suivi du participe passé du verbe.

Emploi

Le futur antérieur s'utilise quand une action précède l'autre dans l'avenir.

*Je me reposerai quand j'**aurai terminé** ce travail.* = Je termine le travail, puis je me repose.

3.1 Mettez les verbes entre parenthèses au futur antérieur.

1. Quand j' (finir) ✳ mon travail, je t'appellerai.
2. Quand vous arriverez, nous (partir) ✳.
3. Je t'écrirai quand je (arriver) ✳.
4. Nous cuisinerons quand vous (faire) ✳ les courses.
5. Je t'achèterai une voiture quand tu (passer) ✳ ton permis de conduire.

3.2 Situez les deux actions l'une par rapport à l'autre dans le futur en utilisant **quand** ainsi que le futur simple et le futur antérieur.

1. Faire un régime et maigrir (vous)
2. Envoyer mon courriel et écrire (je)
3. Guérir et retourner au travail (tu)
4. Réussir l'examen et étudier beaucoup (elles)
5. Être moniteur de ski, réussir le cours (il)

❯ **4 LES PRONOMS DÉMONSTRATIFS**

Observez.

– *Tu veux cette tarte aux pommes ou celle que j'ai faite?*
– *Je prends **celle que** tu as faite.*
– *Vous voulez ce pain?*
– *Non, nous préférons **celui qui** est derrière.*

- Remplacez **celle** et **celui** par les mots qu'ils représentent. Que remarquez-vous?

Voir le Rappel grammatical (p. 96) pour la formation des adjectifs démonstratifs.

L'UTILISATION DES PRONOMS DÉMONSTRATIFS

• Le **pronom démonstratif** (**celui**, **celle**, **ceux**, **celles**) permet d'éviter la répétition. Il renvoie habituellement à un mot qui précède.

*J'ai oublié mon livre, j'ai pris **celui** de ma sœur.*

Attention : Le pronom démonstratif s'emploie avec **de** mais pas avec les autres prépositions.

	Singulier	**Pluriel**
Masculin	celui	ceux
Féminin	celle	celles

• Il permet de différencier deux objets présents.

On utilise le pronom démonstratif avec **-ci** (plus près) ou **-là** (plus loin).

*Tu veux ce chapeau-ci ou **celui-là** ?*

• Le pronom démonstratif s'emploie devant un pronom relatif. Il reprend alors une idée ou un mot mentionné précédemment.

*Je ne te conseille pas de voir ce film. **Celui que** je te recommande est le dernier Almodovar.*
(**Celui** remplace l'antécédent **film** et s'accorde donc avec cet antécédent.)

*Ils ont décidé de faire un régime, **ce qui** me paraît malsain.*
(**Ce** reprend la phrase **ils ont décidé de faire un régime** et reste donc neutre.)

4.1 Complétez les phrases suivantes avec **ce que, ce qui, ce dont**.

1. Cet athlète s'est blessé pendant son entraînement, ✳ le désavantage.
2. ✳ je voudrais, c'est pouvoir me reposer une journée entière.
3. ✳ tu as besoin, c'est d'un bon bain et d'une tisane.
4. Voir un bon film et aller au resto, c'est exactement ✳ j'avais envie ce soir.
5. ✳ me dérange le plus, c'est le bruit.
6. J'aurai fait tout ✳ elle aura voulu.

4.2 Complétez les phrases suivantes avec **celle qui, ceux que, celles de, celle de, celui-là, celles qui, celui qui**.

1. Tu veux des chocolats suisses ou belges? Nous prendrons ✳ tu préfères.
2. Mélanie? C'est ✳ était habillée en vert.
3. Qu'est-ce que tu préfères? Mes fleurs ou ✳ Fabien?
4. Tu vois cet homme? C'est Michel Tremblay, ✳ a écrit de nombreuses pièces de théâtre.
5. Tu veux prendre ma voiture ou ✳ ton frère?
6. C'est ce restaurant-ci ou ✳?
7. Les vacances de neige? Ce sont ✳ me reposent le plus.

4.3 Complétez les phrases suivantes.

1. Nous allons partir très tôt, ce qui ✳.
2. Il dort très mal, ce que ✳.
3. Ce que je voudrais le plus au monde, c'est ✳.

module 5

DÉCOUVREZ...

Un esprit sain dans un corps sain

Le *Slow Food*

Le mouvement international du *Slow Food* s'oppose aux conséquences néfastes de la culture du *fast food* qui pousse à une uniformisation du goût. Ce mouvement associatif a pour but d'encourager la consommation de produits locaux et il est à l'origine de nombreux programmes pour le développement du goût chez les enfants et les adultes.

Le *Slow Food* a été fondé en 1989. Il compte 82 000 membres dans 50 pays. Les quatre objectifs du *Slow Food* sont :

• de sauvegarder les traditions culinaires ;

• d'aider les agriculteurs qui font des produits de qualité ;

• de préserver l'environnement et la biodiversité grâce à une agriculture moins nocive ;

• de développer des régions traditionnellement moins riches.

Pour atteindre ses objectifs, l'association *Slow Food* organise des conférences, des ateliers du goût, des dîners, des visites chez l'agriculteur.

Si vous voulez participer à ces activités, il vous suffit d'adhérer au mouvement.

■ **Test**

Lisez le texte et faites le test suivant.

1. Le *Slow Food* est né :
   a) en 1979   c) en 1989
   b) en 1789   d) en 1999

2. Le *Slow Food* veut :
   a) créer de nouvelles habitudes culinaires
   b) sauvegarder les traditions culinaires
   c) encourager la restauration rapide
   d) privilégier la nourriture industrialisée

3. Le *Slow Food* utilise des produits :
   a) locaux
   b) chimiques
   c) importés
   d) de qualités différentes

4. Le *Slow Food* se fait connaître :
   a) sur Internet
   b) grâce à des conférences et à des ateliers
   c) par de nombreuses publicités
   d) grâce à des restaurants de *fast food*

Les Jeux de la francophonie

Vous l'avez deviné, les « Jeux de la francophonie » font référence à une compétition sportive. Toutefois, contrairement aux Jeux olympiques, les athlètes qui s'affrontent dans les différentes épreuves viennent tous des pays de la Francophonie. Les Jeux de la francophonie se distinguent donc des autres événements sportifs du fait que c'est aussi une compétition à caractère culturel. Organisés pour la première fois en 1989 dans deux villes marocaines, Casablanca et Rabat, les Jeux de la francophonie se déroulent tous les quatre ans (ils se sont tenus à Paris en 1994, à Tananarive en 1997, à Ottawa et Hull en 2001 et à Niamey en 2005). Les jeux rassemblent environ 6000 francophones (athlètes, artistes, entraîneurs, professionnels de la santé et accompagnateurs) de 51 pays d'Europe, d'Afrique, d'Océanie, d'Asie et d'Amérique.

Pendant une semaine, les Jeux de la francophonie donnent l'occasion aux jeunes athlètes de réussir les plus grands exploits sportifs, mais ils servent également à rapprocher les pays ayant en commun l'usage du français et à susciter des échanges culturels (la chanson, le conte, la danse, la peinture, la sculpture). Cet événement permet aussi d'exprimer la solidarité nord-sud (aide, assistance entre francophones) et de promouvoir des secteurs économiques comme le tourisme, la santé, les technologies de l'information et de la communication.

La ville de Casablanca, ainsi que la ville de Rabat, a accueilli les premiers Jeux de la francophonie, en 1989.

Les Jeux de la francophonie ont certainement des répercussions très positives sur la santé physique et mentale des jeunes. De nombreux athlètes des pays participants aspirent à être parmi les meilleurs ; ils s'entraînent régulièrement, surveillent leur alimentation pour se maintenir en bonne santé…

Rendez-vous à la prochaine édition des Jeux de la francophonie qui se tiendront à Beyrouth, au Liban, en 2009 !

■ À vous de jouer

Lisez le texte, puis répondez aux questions suivantes.

1. Qu'est-ce qui distingue les Jeux de la francophonie des Jeux olympiques ?
2. Le texte donne les capitales des pays où ont eu lieu les Jeux de la francophonie. Trouvez le nom de ces pays.
3. Quels sont les objectifs des Jeux de la francophonie ?
4. Quels sont les avantages pour les pays participants ?
5. En quelle année auront lieu les prochains Jeux de la francophonie ?

module 5

ÉCOUTEZ

1 LE SOMMEIL

1.1 Écoutez et faites l'exercice.

Dites si les énoncés suivants sont vrais ou faux.

1. Francine a eu des problèmes pour s'endormir.
2. Francine a pris un somnifère.
3. Elle a dormi tard ce matin-là.
4. Elle manque de sommeil.
5. Le réveil a sonné tôt.

1.2 Écoutez encore une fois et trouvez dans le dialogue l'expression équivalente aux expressions suivantes.

1. Elle semble avoir sommeil.
2. Commencer à dormir.
3. Ne pas fermer l'œil de toute la nuit.

4. Faire attention à ce que l'on fait.
5. Dormir très tard.

2 L'ALIMENTATION

2.1 Écoutez et faites l'exercice.

Repérez les équivalents des expressions suivantes.

1. avoir faim
2. une spécialiste de l'alimentation
3. faire un régime

4. manger très rapidement
5. grossir

2.2 Écoutez de nouveau les extraits et dites :

1. ce que Delphine et Martine mangent.
2. l'endroit où elles mangent.
3. ce qu'elles ne veulent pas.

3 LA SANTÉ

3.1 Écoutez et écrivez les mots manquants.

Les maladies

Selon de nombreuses recherches, certaines ✳ sont liées à ce que nous ✳. En effet, il y a beaucoup plus de cas de ✳ chez les Américains que dans les pays asiatiques ou en Inde. Et lorsque les Indiens ou les Asiatiques migrent vers l'Amérique, leur taux de cancer ✳. Le ✳ peut également être à l'origine de nombreuses maladies : les migraines, les ulcères d'estomac, le diabète, l'obésité… Pour combattre le stress et ses conséquences, vous ✳ faire plus d'✳, manger mieux, rire avec vos amis ; bref, prendre le temps de ✳.

3.2 Écoutez encore une fois l'enregistrement, puis répondez aux questions suivantes.

1. Quelles maladies peuvent être causées par ce que nous mangeons et par le stress ?
2. Quelles sont les recommandations données pour éviter les maladies provoquées par le stress ?
3. Décrivez votre style de vie. Auriez-vous des changements à y apporter ?

31   **3.3 Dites si le verbe est au plus-que-parfait ou au conditionnel passé.**

1. *   5. *
2. *   6. *
3. *   7. *
4. *   8. *

PRONONCEZ

) 1 LES NOMBRES ET LES DATES

- On prononce la consonne finale des nombres ayant une seule syllabe.
  cinq [sɛ̃k]   *huit* [ˈɥit]   *neuf* [nœf]   *dix* [dis]

- On prononce la consonne finale des nombres composés.
  dix-sept [disɛt]   *vingt-cinq* [vɛ̃tsɛ̃k]

- On ne prononce jamais le **t** de **cent**.
  101 [sɑ̃ɑ̃œ̃] (pas de liaison entre cent et un)
  108 [sɑ̃ɥit] (pas de liaison entre cent et huit)

- On prononce les dates en précisant toujours le centenaire.
  1990 [milnœfsɑ̃katʀəvɛ̃dis] ou [diznœfsɑ̃katʀəvɛ̃dis] (mais pas [diznœfkatʀəvɛ̃dis])

> **Attention :** • Lorsqu'un nom commençant par une consonne suit un nombre simple ou composé, on ne prononce généralement pas la dernière lettre.
> *cent cinq* [sɑ̃sɛ̃k] mais *cent cinq personnes* [sɑ̃sɛ̃pɛʀsɔn]
> • Le **t** de **vingt** ne se prononce pas avec **quatre-vingts** et ses composés.
> *vingt-neuf* [vɛ̃tnœf] mais *quatre-vingt-neuf* [katʀəvɛ̃nœf]

 32   **1.1 Écoutez et répétez.**

1. 111
2. 1998
3. 105
4. 90
5. 1977

1.2 Lisez ce qui suit.

1. 2006
2. 365 jours
3. 1960
4. 1992
5. 200 ans

) 2 LES VOYELLES [y] ET [u]

- La voyelle [y] est généralement représentée par les graphies **u**, **û**, **eu**. Elle se prononce comme la voyelle [i] mais en arrondissant les lèvres.
  lu, dû, eut

- La voyelle [u] est généralement représentée par les graphies **ou**, **où**, **oû**. Elle se prononce les lèvres arrondies et tendues comme pour souffler une bougie.
  mou, où, août

piste 33

2.1 Écoutez et notez le son que vous entendez [y] ou [u].

1. ✳	4. ✳	7. ✳
2. ✳	5. ✳	8. ✳
3. ✳	6. ✳	9. ✳

2.2 Lisez les expressions et les phrases suivantes.

1. Tu as tout dit.
2. Il faut que tu rendes la voiture.
3. La culture du *fast food* envahit la planète.
4. La consommation de matières grasses a doublé depuis 1960.
5. Tu es pour la nourriture bio ?
6. Plus on fait de sport, plus on est musclé.

ÉCHANGEZ

❭ EXPRESSIONS POUR FORMULER UNE CRITIQUE

Exprimer une hypothèse

Si je n'avais pas Internet…

Nous aurions eu beaucoup plus de temps pour… si…

Ah ! si seulement on pouvait / on avait pu…

Exprimer des souhaits, des regrets

J'aurais voulu que + subjonctif

J'aurais voulu + infinitif

Nous aurions pu…

Désapprouver quelque chose ou quelqu'un

Tu n'aurais pas dû…

Il ne fallait pas…

J'ai un reproche à vous / te faire.

J'aurais mieux fait de…

J'ai eu tort…

1. Lisez la déclaration suivante :

« L'invention de l'électricité ainsi que les innovations technologiques
influencent notre rythme de sommeil. »

1. Que pensez-vous de cette déclaration ?
2. Faites une liste des inventions qui font partie de notre vie d'aujourd'hui.
3. Pensez à leur influence sur nos activités et comparez-les avec les habitudes de vie
   qui avaient cours à la fin du XIXe siècle ou au début du XXe.
4. Imaginez comment nous aurions vécu sans ces inventions.

2. Discutez de la question en équipes de deux ou trois. Utilisez le conditionnel présent et passé, les phrases avec **si** et le vocabulaire du module.

3. Posez les questions suivantes à cinq personnes et présentez vos résultats à la classe.

1. Est-ce que vous appréhendez les dangers et les problèmes alors qu'il n'y a pas de raison
   de s'en faire ?
2. Êtes-vous tendu, nerveux et irritable en permanence ?
3. Est-ce que les soucis et le stress vous perturbent constamment ?
4. La peur de l'échec vous empêche-t-elle d'agir ?
5. Doutez-vous de vos capacités de réussite ?
6. Cherchez-vous l'approbation des autres ? Avez-vous peur d'être rejeté ?
7. Êtes-vous sensible aux émotions ?

Source : Anne Genest, « Peur d'avoir peur », *Mieux-être*, n° 6, 2006, p. 33-34.

4. Par groupes de deux, créez un dialogue en utilisant les expressions de désapprobation du tableau de la page précédente.

1. Dialogue entre un professeur et un élève
2. Dialogue entre deux amis
3. Dialogue entre un employé et son directeur

RÉDIGEZ

❶ EXPRIMER DES POINTS DE VUE DIFFÉRENTS

Lisez le texte suivant.

L'origine des maladies

Les maladies sont-elles uniquement la conséquence d'un virus ou d'un mauvais fonctionnement de notre corps?

Tout le monde n'est pas d'accord. **Certains** prétendent que rien n'influe sur leur santé. Leurs maladies sont purement physiques et proviennent de facteurs extérieurs. **D'autres** pourtant prétendent le contraire. Pour eux, tout est psychologique et ils associent le moindre de leur mal à une situation émotionnelle. Pourtant, aujourd'hui, pour **la majorité** d'entre nous, les choses sont un peu plus complexes et **beaucoup** pensent qu'une combinaison des deux facteurs serait à envisager.

1.1 Sur ce modèle, écrivez un paragraphe sur les deux sujets présentés ci-dessous en employant les mots suivants.

certains scientifiques	penseurs	d'autres	plusieurs
aucun ne tout le monde	beaucoup	la majorité	on

Attention : Vous ne devez pas utiliser le pronom **tu**.

1. La pollution sera tellement grave sur Terre dans 50 ans que nous devrons trouver une autre planète pour y vivre.
2. La société occidentale favorise de plus en plus l'individualisme. Le travail et la communication se feront de plus en plus par le truchement des ordinateurs et du téléphone.

❷ UTILISER DES SUBSTITUTS LEXICAUX

Lisez le paragraphe suivant.

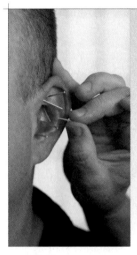

L'auriculothérapie

Il y a une cinquantaine d'années, le médecin lyonnais Paul Nogier (1908-1996) a développé l'auriculothérapie, **une technique** issue de l'acupuncture, **laquelle** est une médecine chinoise fondée sur la stimulation de points réflexes. La particularité de l'auriculothérapie est de se concentrer sur l'oreille **qui** compte plus de 120 points d'acupuncture correspondant aux différents organes du corps. **Cette science** permet de guérir les allergies, les douleurs aiguës, certains troubles digestifs ou des souffrances psychologiques en stimulant ces points à l'aide de fines aiguilles stériles, d'aimants ou de projections de laser. L'oreille représente, en auriculothérapie, un fœtus inversé. **Cette discipline** est reconnue par l'OMS (Organisation mondiale de la santé) comme une médecine à part entière. Aujourd'hui, il est scientifiquement prouvé que l'organisme réagit bien aux stimuli de l'oreille et que **ceux-ci** influent sur les systèmes cérébraux et nerveux de l'être humain. **Nombreux** sont **ceux qui y** ont recours.

• Observez les pronoms en caractères gras. Que remplacent-ils ?
• Obervez maintenant les autres mots en caractères gras : **une technique**, **cette science**, **cette discipline**. Que pouvez-vous dire de ces termes ? À quoi font-ils référence dans le texte ? Quel rôle jouent-ils à votre avis ?

■ Les substituts lexicaux

- Les mots **technique**, **science** et **discipline** remplacent le terme **auriculothérapie**. Ce sont des substituts lexicaux. Les synonymes et les périphrases sont utilisés comme substituts lexicaux.
- Comme les pronoms (relatifs, démonstratifs, personnels, etc.), les substituts lexicaux permettent :
  - d'éviter les répétitions ;
  - de reprendre de l'information sans alourdir le texte.

2.1 Rédigez un court texte sur les deux sujets suivants, dans lequel vous utiliserez les quelques substituts lexicaux proposés. Faites une recherche si nécessaire.

1. Les bienfaits du yoga

> cette technique de méditation   cette pratique de relaxation
> cette activité de détente

2. Les bienfaits d'une plante pour la santé

> nom de cette plante   cette plante   ce végétal
> cette plante rare   ce légume   cet aliment

2.2 Écrivez un texte informatif sur un des sujets suivants.

- L'acupuncture chinoise
- La chiropractie
- La réflexologie

2.3 Écrivez deux paragraphes sur le sujet suivant.

Si vous aviez pu choisir un siècle, un pays ou une façon de vivre, qu'auriez-vous choisi ? Auriez-vous changé votre quotidien et votre réalité ou, au contraire, auriez-vous gardé certaines de vos habitudes ?

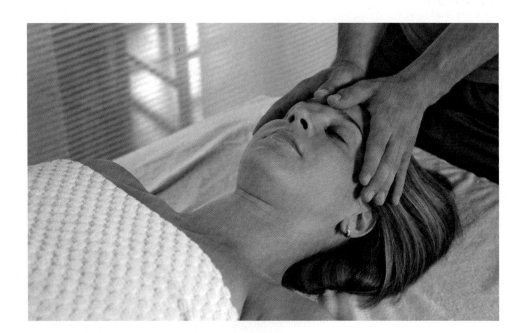

Rappels grammaticaux

LES ADJECTIFS DÉMONSTRATIFS

- On utilise l'adjectif démonstratif pour désigner une personne ou une chose.
  *Je préfère **cette** robe.*
  *Nous voulons étudier avec **ce** professeur.*

- On l'utilise aussi pour indiquer un moment proche.
  *Où allez-vous **ce** soir?*
  ***Cet** été, nous allons travailler.*

	Masculin	**Féminin**
Singulier	**ce** café	**cette** femme
	cet arbre	**cette** orange
Pluriel	**ces** repas	**ces** armoires

LA NÉGATION

Dans une phrase négative, deux éléments forment la négation. Ces deux éléments sont souvent **ne... pas**, mais il y a d'autres possibilités.

- **ne... personne** (ou **personne ne**) se rapporte à une personne.

  - Si la personne est complément d'objet, on utilise **ne... personne**.
    *Tu connais **quelqu'un** ici? Non, je **ne** connais **personne**.*

  - Si la personne est sujet, on utilise **personne ne...**
    ***Quelqu'un** a appelé? **Personne n'**a appelé.*

- **ne... rien** (ou **rien... ne**) se rapporte à une chose.

  - Si la chose est complément d'objet, on utilise **ne... rien**.
    *Vous avez reçu **quelque chose**? Non, je **n'**ai **rien** reçu.*

  - Si la chose est sujet, on utilise **rien ne...**
    ***Quelque chose** te dérange? **Rien ne** me dérange.*

- **ne... jamais** est une réponse possible à des questions formulées avec **souvent**, **quelquefois**, **déjà**, **toujours**.
  *Tu manges **souvent** au restaurant? Non, je **n'**y mange **jamais**.*
  *Est-ce qu'elle se couche **toujours** à 21 heures? Non, elle **ne** se couche **jamais** avant minuit.*

- **ne... plus** est une réponse possible à des questions formulées avec **encore** ou **toujours** (dans le sens de **encore**).
  *Patricia souffre **encore** d'insomnie? Non, elle **n'**en souffre **plus**.*
  *Tu joues **toujours** du piano? Non, je **ne** joue **plus** du piano.*

Le roman
policier

Les romans policiers, c'est comme une recette de cuisine. Ils contiennent tous les mêmes ingrédients : un crime, quelques suspects, un policier (ou un détective) qui mène l'enquête avec logique et astuce, de nombreux indices, une fin heureuse où le coupable est démasqué et les suspects innocentés. Un bon « chef » du polar sait nous faire saliver en composant des menus pimentés ou raffinés selon les goûts. Il prend tout d'abord des ingrédients de qualité : un enquêteur intelligent qui trouve la solution avant nous, une victime tuée mystérieusement, un lieu du crime banal ou surprenant, une arme allant du revolver au poison, les moyens sont variés… Le « chef » mélange le tout et ajoute beaucoup de suspense, quelques zones d'ombre, un peu de sang et des événements inattendus. Il assaisonne le plat de faux indices, de faux alibis, de faux témoignages et enfin, d'effets psychologiques particuliers. Il laisse mijoter le temps qu'il faut pour donner lieu à de savantes déductions de la part du détective et à de multiples interrogations de la part du lecteur !

Démasqué : montré sous son vrai jour.

Faire saliver : provoquer l'intérêt, l'envie.

Pimenté : rendu plus intéressant.

Mijoter : faire cuire à feu doux, laisser mûrir la réflexion.

Sur les traces
d'**Arsène Lupin**

Connaissez-vous Arsène Lupin ? C'est un cambrioleur qui vole les riches avec audace et ironie.

La perle noire, une nouvelle de Maurice Leblanc, écrivain français (1864-1941)

Arsène Lupin a décidé de voler la superbe perle noire de la comtesse d'Andillot. Une nuit, vers trois heures du matin, il se rend chez la comtesse. Il s'avance dans la pénombre, mais tout à coup, il palpe une chose étrange…

Il allume sa lanterne et éclaire le visage de la victime.

Morte, morte ! La comtesse a été assassinée !

Il ouvre vivement la boîte.

La perle noire n'y est pas. Disparue !

La comtesse a été assassinée d'un coup de couteau. La perle noire, d'une valeur inestimable, a également disparu. Notre cambrioleur mène l'enquête. Qui a bien pu tuer la comtesse ? Où se trouve la fameuse perle noire ? Qui aurait bien pu faire une chose pareille ?

Un autre que moi filerait, c'est certain. Mais ma conscience est tranquille. Je dois procéder par ordre, comme si je menais une enquête.

Le surlendemain, les journaux annoncent l'arrestation de Victor Danègre, le domestique de la comtesse d'Andillot.

ASSASSINAT DE LA COMTESSE D'ANDILLOT
Le domestique Victor Danègre a été arrêté ce matin.

Peu après, le procès a débuté.

Je me nomme mademoiselle de Sinclèves, je suis la cousine et unique héritière de la comtesse d'Andillot. Un mois avant sa mort, ma chère cousine m'a confié dans une lettre la façon dont elle cachait la perle noire. Mais le lendemain du jour où je l'ai reçue, la lettre avait disparu…

Plus les témoignages se faisaient entendre, plus l'affaire s'enveloppait de mystères et de contradictions. L'avocat de Danègre a beau jeu. Il montre les lacunes et les impossibilités de l'accusation.

Dites-moi, où se trouve la clef ? Et où se trouve le couteau de l'assassin ? Vous ne pouvez pas prouver que c'est mon client qui a tué la comtesse.

D'ailleurs, qui peut prouver que l'auteur du crime n'est pas ce mystérieux personnage qui s'est introduit dans la maison à trois heures du matin ? L'horloge marquait onze heures vingt, me direz-vous ? Et après ? Ne peut-on pas mettre les aiguilles à l'heure qu'on veut ?

Lisez la bande dessinée, puis répondez aux questions.

1. Quels sont les ingrédients d'un bon roman policier ?
2. Pourquoi Lupin s'est-il rendu chez la comtesse ? Que découvre-t-il ?
3. Qui est mademoiselle de Sinclèves ? Que révèle-t-elle ?
4. Sur qui les soupçons de l'avocat se portent-ils ?

APPRENEZ DE NOUVEAUX MOTS

❯ L'ENQUÊTE POLICIÈRE ET LE PROCÈS

Les personnes impliquées	
l'accusé	l'acquitté / le condamné
l'assassin	l'avocat
le cambrioleur	le commissaire, l'inspecteur, le policier, le détective
le juge	
le meurtrier	le jury, les jurés
le témoin	le procureur
le voleur	

Le forfait	L'arme
un assassinat, un meurtre	un couteau
un enlèvement	un fusil
un vol, un cambriolage	un poignard
un vol à main armée	un revolver
une lettre de menaces	

Le lieu du procès	Les moyens de l'enquête	
la salle d'audience	l'écoute téléphonique	le détecteur de mensonge
le tribunal	l'espionnage	les empreintes digitales
	l'indicateur (l'indic)	

Verbes	Noms correspondants
acquitter	l'acquittement
arrêter	l'arrestation
assassiner	l'assassinat
condamner	la condamnation
délibérer	la délibération
dénoncer	la dénonciation
être coupable	la culpabilité
mentir	le mensonge
porter plainte	la plainte
prouver	la preuve
s'enfuir	la fuite
témoigner	le / la témoin
voler	le vol

Autres expressions utiles	
apporter des preuves	mener l'enquête
commettre un crime, un délit	prononcer un verdict
défendre son client	

1. Qui suis-je?

1. Je défends les intérêts de mon client.
2. Nous faisons partie d'une assemblée. Au cours du procès, nous écoutons attentivement les témoignages, les accusations, la défense avant de délibérer.
3. On me juge pour l'assassinat que j'ai commis.
4. Je dénonce des suspects à la police.
5. Je mène l'enquête.
6. Je porte plainte.

2. Reliez chacun des mots de la colonne de gauche à son synonyme dans la colonne de droite.

1. le cambrioleur
2. le verdict
3. la culpabilité
4. acquitter
5. s'emparer

a) la décision finale
b) voler
c) le voleur
d) déclarer non coupable
e) le fait d'être coupable

3. Dans quel ordre ces événements ont-ils lieu?

1. Les témoins expliquent ce qu'ils ont vu.
2. Après avoir entendu tous les témoins, les avocats et le juge, le jury se retire et délibère.
3. Le cambrioleur a commis un vol.
4. La police l'a arrêté à son domicile.
5. Le jury condamne l'accusé à une peine d'emprisonnement.
6. Le procès commence.
7. Le voisin qui a tout entendu l'a dénoncé à la police.
8. L'avocat souhaite l'acquittement de son client pour manque de preuves.

OBSERVEZ ET EMPLOYEZ LES STRUCTURES

1 L'INTERROGATION DIRECTE

Observez.

– À **qui** avez-vous téléphoné ?	– À **quoi** pensez-vous ?
– De **qui** parlez-vous ?	– **Qu'est-ce que** vous lisez ?
– D'**où** vient cette cravate ?	– Vous aimez les romans policiers ?

• Comment forme-t-on la phrase interrogative ?

INTERROGATION DIRECTE TOTALE OU PARTIELLE ?

• Dans la **phrase interrogative totale**, la question porte sur l'ensemble de la phrase et on peut y répondre par **oui** ou par **non**.

— **Est-ce que** + forme affirmative

*Est-ce que tu pars demain ? **Non**, lundi !*

— L'inversion

*Pars-**tu** demain ? **Oui**, je pars dans l'après-midi.*

*Solange **va-t-elle** témoigner ? **Oui**, elle va témoigner.*

— L'intonation montante

*Vous connaissez la victime ? **Oui**, je connais la victime.*

*Vous n'êtes pas en vacances ? **Si**, je le suis.*

• Dans la **phrase interrogative partielle**, la question porte sur un élément de la phrase. Elle contient un des marqueurs interrogatifs suivants : **qui, que, quoi, où, quand, pourquoi, comment, combien**.

*Avec **qui** pars-tu ?*	*Avec Louis.*
***Quand** reviennent-ils ?*	*Lundi.*
***Où** le crime a-t-il eu lieu ?*	*À l'hôtel de la gare.*
*Vous faisiez **quoi** ?*	*Rien de particulier.*
***Pourquoi** a-t-il fait cela ?*	*Je n'en ai pas la moindre idée !*

Attention : L'intonation est descendante.

• L'interrogation avec **qui**, **qui est-ce qui** et **qu'est-ce qui** permet de trouver le sujet de la phrase.

	Forme simple	Forme composée
Une personne *Monsieur le directeur m'a appris la nouvelle.*	*Qui vous a appris la nouvelle ?*	*Qui est-ce qui vous a appris la nouvelle ?*
Une chose *La tempête de neige a causé l'accident.*	inexistante	*Qu'est-ce qui a causé l'accident ?*

- L'interrogation avec **que**, **qui**, **qu'est-ce que** et **qui est-ce que** permet de trouver le complément d'objet.

	Forme simple	Forme composée
Une personne *J'ai invité **Sébastien et André**.*	***Qui** as-tu invité?*	***Qui est-ce que** tu as invité?*
Une chose *Je prends **du jus de pomme**.*	***Que** prenez-vous?*	***Qu'est-ce que** vous prenez?*

- Les marqueurs interrogatifs **qui**, **que**, **quoi** peuvent être précédés d'une préposition : **à**, **de**, **avec**, **sur**…

	Forme simple	Forme composée
Une personne *J'écris à **Marie-Anne**.*	***À qui** écrivez-vous?*	***À qui est-ce que** vous écrivez?*
Une chose *Je parle de **mon sujet de maîtrise**.*	***De quoi** parles-tu?*	***De quoi est-ce que** tu parles?*

1.1 Complétez les phrases à l'aide de **qu'est-ce qui**, **qu'est-ce que**, **qui** et **est-ce que**.

1. ✳ êtes-vous?
2. ✳ vous intéresse vraiment?
3. ✳ vous voulez faire plus tard?

4. ✳ vous venez avec nous au cinéma?

– Nous sommes des amis de M. Lucien.
– Ce qui m'intéresse? Je ne sais pas vraiment.
– Ce que je veux faire plus tard? Vous me posez là une question difficile.
– Oui, naturellement.

1.2 Le détective interroge un témoin dans une affaire de vol de diamant. Trouvez la question correspondant à chacune de ces réponses.

1. J'étais chez moi. C'était mon jour de congé.
2. J'ai entendu des cris, un coup de feu, des bruits de chute. J'ai appelé tout de suite la police.
3. Il était environ 11 h 30.
4. Non, je ne la connaissais pas vraiment. On se disait bonjour lorsqu'on se croisait dans les escaliers. C'est tout.
5. Non, je n'ai rien remarqué.

2 QUEL ET LEQUEL

Observez.

– *De ces deux versions, **laquelle** vous semble la plus plausible?*
– *Il y a un élément que vous possédez et que je ne possède pas. **Lequel**?*
– ***Quelle** heure indiquait l'horloge?*
– *Sur **quelle** preuve vous basez-vous pour m'accuser?*
– *De tous ces témoignages, **lesquels** nous apporteront des indices importants?*

- Dans quel cas utilise-t-on **quel** et **lequel** dans une phrase interrogative?

■ Quel

- **Quel** est un adjectif interrogatif qui s'utilise dans une question partielle. Il se rapporte à un nom. Il varie en genre et en nombre avec le nom.

  Quel scandale veulent-ils étouffer?   *Quelles preuves l'enquêteur a-t-il recueillies?*

- **Quel** peut être précédé d'une préposition : **avec, à, sur**…

  Avec quelle arme l'a-t-il tuée?   *À quel bureau vous êtes-vous adressé?*

  Sur quelles preuves vous basez-vous?

■ Lequel

- **Lequel** est un marqueur interrogatif qui porte sur un choix. Comme tous les pronoms, il fait référence à une personne ou à une chose déjà nommée. Il varie en genre et en nombre en fonction du nom qu'il remplace.

  – *Voulez-vous me donner le dossier?*

  – *Quel dossier? Lequel voulez-vous au juste? Celui des Derange ou celui des Lubois?*

- **Lequel** peut être précédé d'une préposition : **à, avec, sur**…

  Des preuves, vous en avez? Sur lesquelles vous appuyez-vous pour l'accuser?

	Singulier	Pluriel
Masculin	lequel	lesquels
Féminin	laquelle	lesquelles

Attention aux contractions :

	Contractions avec la préposition à	Contractions avec la préposition de
Masculin singulier	auquel	duquel
Féminin singulier	à laquelle	de laquelle
Masculin pluriel	auxquels	desquels
Féminin pluriel	auxquelles	desquelles

2.1 Complétez les phrases suivantes avec **quel(s)** ou **quelle(s)** en utilisant, si nécessaire, la préposition qui convient.

1. ✳ restaurants préférez-vous?
2. ✳ ami s'est-il disputé? – Avec Louis.
3. Comment va-t-on savoir ✳ activités choisir?
4. ✳ est ton avis sur ce sujet?
5. ✳ personne vous êtes-vous adressé? À madame Paquette.

2.2 Complétez les phrases suivantes avec **lequel / lesquels** ou **laquelle / lesquelles** en utilisant, si nécessaire, la préposition qui convient.

1. Voici une jupe plissée et une jupe longue. ✳ préférez-vous?
2. On a traité l'affaire Malbou et l'affaire Rognac. ✳ des deux fais-tu référence?
3. ✳ de ces séries policières connaissez-vous le mieux : les séries américaines, britanniques ou canadiennes?
4. J'ai des chocolats belges et des chocolats suisses. ✳ choisissez-vous?
5. ✳ de mes amis penses-tu? À Richard?

2.3 Complétez les phrases suivantes avec les marqueurs proposés.
Utilisez la forme correcte et la préposition qui convient si nécessaire.

où	que	quoi	duquel	lequel	combien

1. ✷ as-tu caché la perle? – Au fond du jardin.
2. Si je vous rends la perle, ✷ me donnez-vous en échange?
3. De tous ces indices, ✷ vous paraît le plus important?
4. On a mentionné deux crimes. ✷ l'a-t-on accusé? – Du meurtre de son banquier.
5. À ✷ pensez-vous? – À mes vacances.
6. ✷ de temps vous faut-il? – Une demi-heure.

3 L'INTERROGATION INDIRECTE

Observez.

Interrogation directe	Interrogation indirecte
Est-ce que tu pars demain?	*Je te demande si tu pars bien demain.*
Avec qui est-ce que vous parlez?	*Je vous demande avec qui vous parlez.*
Qu'est-ce qui est arrivé?	*Je demande ce qui est arrivé.*

• En observant les différences entre l'interrogation directe et l'interrogation indirecte, que constatez-vous?

LA PHRASE INTERROGATIVE INDIRECTE

• Dans la phrase interrogative indirecte, il n'y a pas de point d'interrogation.
Je me demande avec qui vous parlez.

• Certaines expressions interrogatives changent en passant de l'interrogation directe à l'interrogation indirecte.

Interrogation directe	Interrogation indirecte
est-ce que ou **inversion** ⟶	**si**
Est-ce que tu viendras?	*Je veux savoir si tu viendras.*
Viendras-tu?	
qui / qui est-ce qui / préposition + qui ⟶	**qui / préposition + qui**
Qui est-ce qui sera là?	*Il demande qui sera là.*
À qui parle-t-il?	*Il veut savoir à qui il parle.*
que / qu'est-ce que / qu'est-ce qui ⟶	**ce que / ce qui**
Qu'en pensez-vous?	*Je vous demande ce que vous en pensez.*
Qu'est-ce qui est arrivé?	*Je demande ce qui est arrivé.*
Marqueur interrogatif **(quand, pourquoi…)** ⟶	**Marqueur interrogatif** **(quand, pourquoi…)**
Quand est-ce que tu pars?	*Je te demande quand tu pars.*
Pourquoi es-tu en retard?	*Je te demande pourquoi tu es en retard.*

Attention : Dans les phrases interrogatives indirectes, il ne faut pas employer les expressions **qui est-ce qui** (**que**) et **qu'est-ce qui** (**que**).
J'aimerais savoir ce qui est arrivé.
et non *J'aimerais savoir qu'est-ce qui est arrivé.*

3.1 Transformez chaque interrogation directe en interrogation indirecte.

1. Lupin demande à M. Danègre : «Pourquoi gardez-vous cette perle ?»
   Lupin demande à M. Danègre ✳.
2. Danègre demande à Lupin : «Qu'est-ce que vous me donnez en échange ?»
   Danègre demande à Lupin ✳.
3. Danègre lui demande : «Voulez-vous un indice ?»
   Danègre lui demande ✳.
4. Lupin veut savoir : «Qui est-ce qui a avoué ?»
   Lupin veut savoir ✳.
5. Lupin demande : «Qui est-ce qu'on doit condamner ?»
   Lupin demande ✳.

3.2 Imaginez un dialogue (discours direct) entre un suspect et un policier. Le policier pose des questions. Ensuite, imaginez que vous êtes témoin de l'interrogatoire et rapportez le même dialogue en discours indirect.

4 LA FORME PASSIVE

Observez.

Morte, morte ! La comtesse a été assassinée !

Forme active	Forme passive
*La police **a arrêté** Victor Danègre.*	*Victor Danègre **a été arrêté** (par la police).*
*Le jury **a entendu** tous les témoins.*	*Les témoins **ont été entendus** (par le jury).*
*L'assassin **a commis** son crime à 11 h.*	*Le crime **a été commis** à 11 h.*
*Un inconnu **a assassiné** la comtesse.*	*La comtesse **a été assassinée** (par un inconnu).*

• Comparez les verbes de la forme active et ceux de la forme passive. Qu'est-ce qui diffère ?

LA PHRASE À LA FORME PASSIVE

• Dans une phrase à **la forme active**, le sujet fait l'action exprimée par le verbe.
*<u>Un inconnu</u> **a assassiné** la comtesse.* (c'est l'inconnu qui a **fait l'action**.)
   sujet

• À **la forme passive**, le sujet ne fait pas l'action exprimée par le verbe. La forme passive permet de **mettre en valeur** la personne ou la chose qui subit l'action.
*<u>La comtesse</u> **a été assassinée**.* (la comtesse ne fait pas l'action ; elle **subit l'action**.)
   sujet

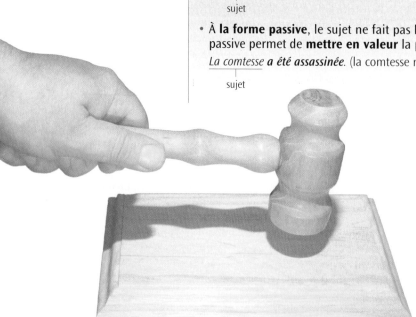

- La transformation d'une phrase à la forme passive n'est possible que si le verbe à la forme active est suivi d'un COD. Le **COD** devient le sujet de la phrase à la forme passive. Le sujet de la phrase à la forme active devient le **complément d'agent** dans la forme passive. Celui-ci n'est pas toujours exprimé dans la phrase.

*Un inconnu **a assassiné** la comtesse.*

    sujet   COD

*La comtesse **a été assassinée** (par un inconnu).*

    sujet   complément d'agent = personne ou chose
                              responsable de l'action

- Pour passer de la forme active à la forme passive, on conjugue l'auxiliaire **être** suivi du **participe passé** du verbe. Le participe passé s'accorde alors avec le sujet.

On a assassiné la comtesse. → *La comtesse a été **assassinée**.*

Temps du verbe	Forme active	Forme passive
Présent	*La police **arrête** Danègre.*	*Danègre **est arrêté**.*
Passé composé	*La police **a arrêté** Danègre.*	*Danègre **a été arrêté**.*

4.1 Transformez ces phrases à la forme passive, comme dans l'exemple.

*Le commissaire **a mené** l'enquête.*   *L'enquête **a été menée** par le commissaire.*

1. On a dénoncé le coupable.
2. On a libéré la prisonnière.
3. Le juge a entendu tous les témoins.
4. Les enquêteurs ont apporté les preuves de sa culpabilité.
5. Le jury a condamné le coupable à une peine d'emprisonnement.

4.2 À partir des titres de journaux suivants, composez des phrases à la forme passive, comme dans l'exemple.

Arrestation de M. Lelouche → *M. Lelouche a été arrêté.*

1. Assassinat de la comtesse →
2. Acquittement de Victor Danègre →
3. Libération de Jean Valjean →
4. Emprisonnement des coupables dans l'affaire Malbouf →
5. Dénonciation de Nikita →

DÉCOUVREZ…

Le roman policier

Test

Reliez chaque personnage à son créateur.

1. Maigret
2. Arsène Lupin
3. Sherlock Holmes
4. Hercule Poirot
5. Joseph Rouletabille

a) Georges Simenon
b) Gaston Leroux
c) Agatha Christie
d) Sir Arthur Conan Doyle
e) Maurice Leblanc

Connaissez-vous ces auteurs? Qu'avez-vous lu d'eux?

Connaissez-vous les personnages qu'ils ont créés?

■ Discussion

Le roman policier a longtemps été discrédité, considéré comme un sous-genre littéraire. On constate cependant que depuis quelques années, le roman policier, le roman noir, le *thriller* arrivent en tête des palmarès. Lisez-vous ce genre d'ouvrages? Si oui, quel roman ou quel auteur conseilleriez-vous?

Maigret : un personnage connu

Simenon a mis au monde[1] le commissaire Maigret, émule[2] de Sherlock Holmes et d'Hercule Poirot, pendant qu'Hergé créait Tintin. La Belgique a ainsi offert à l'imaginaire occidental deux mythes incontournables, le policier à la pipe, plus intéressé par les victimes que par les criminels, et le journaliste globe-trotter, aussi naïf qu'invincible.

(*Source :* Jacques Godbout, *L'Actualité,* 1er avril 2003.)

1. mettre au monde : employé métaphoriquement pour dire **créer.**
2. émule : équivalent.

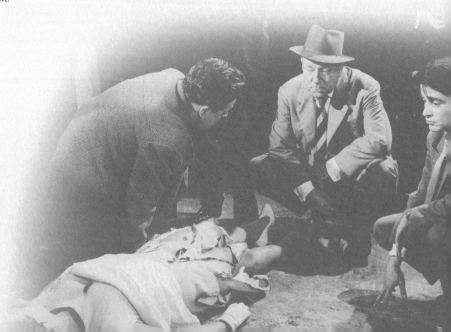

Les erreurs judiciaires

La justice n'est pas infaillible. Elle n'est pas à l'abri des erreurs judiciaires. On découvre alors que le mensonge d'un témoin, la négligence d'un policier, la disparition de preuves, une mauvaise défense de l'avocat… ont condamné injustement un innocent. La réputation d'un individu est alors entachée, de précieuses années lui sont volées, des vies sont brisées. Voici quelques exemples de cas plus ou moins célèbres.

En France, l'une des erreurs judiciaires les plus connues est celle commise envers **Alfred Dreyfus**, un officier juif de l'état-major général de l'armée française. L'affaire commence en 1894 lorsque Dreyfus est condamné pour espionnage en faveur des Allemands. Il est déporté à l'île du Diable en Guyane. Le coupable est découvert, mais ce n'est qu'en 1906 que Dreyfus sera innocenté grâce notamment au réquisitoire d'Émile Zola, *J'accuse*, publié en 1898 dans le journal *L'Aurore*.

À la suite de la Seconde Guerre mondiale, de nombreuses erreurs judiciaires sont survenues. **Renée Lafitte**, condamnée en février 1945 aux travaux forcés à perpétuité pour avoir collaboré avec l'ennemi, sera acquittée en 1958. La pièce à conviction était une lettre qu'elle aurait écrite pour dénoncer des maquisards dans un bois de la région. Un expert en graphologie a affirmé que la lettre était d'elle. Six ans plus tard, lors de la révision du procès, d'autres graphologues ont affirmé exactement le contraire.

Les progrès de la science et les tests d'ADN permettront d'acquitter des innocents.

En 1969, en Saskatchewan, **David Milgaard** est condamné pour le meurtre d'une infirmière, Gail Miller. Il n'a que 16 ans à l'époque. Il passera 23 ans en prison avant d'être libéré en 1992 grâce à des prélèvements d'ADN. David Milgaard est devenu la victime d'une des pires erreurs judiciaires de l'histoire canadienne.

Au Canada, en 1985, une fillette de 9 ans est assassinée après avoir été violée. Un voisin de la famille, **Guy Paul Morin**, est arrêté et condamné. Ce n'est qu'en 1995 que des tests d'ADN prouveront son innocence.

En 1991, **Greg Parsons**, 19 ans, est accusé du meurtre de sa mère sur la base du témoignage de voisins qui disaient l'avoir entendue dire qu'elle avait peur de son fils. Ce n'est qu'en 1998 qu'il a été acquitté à la suite de tests d'ADN.

En Suisse, en 1990, **Henri Poulard** est condamné pour le hold-up d'une bijouterie. Il passe trois ans et demi en prison avant d'être innocenté. Le vrai coupable a été retrouvé en 1998.

En 1992, **Sébastien Hoyos** passe quatre ans en prison pour avoir pris part au hold-up d'une banque. Il est acquitté et libéré en 1996. Dans les deux cas, des dommages et intérêts ont été versés aux victimes du système judiciaire suisse.

■ Projet de recherche : les erreurs judiciaires

Lisez le texte ci-dessus, puis entreprenez une recherche détaillée sur un des personnages dont il est question. Connaissez-vous d'autres cas célèbres d'erreurs judiciaires ? Présentez votre recherche à la classe.

ÉCOUTEZ

piste 34 ⟩ **1 HOLD-UP À LA BANQUE COROMAN**

1.1 Écoutez et faites l'exercice.

Dites si les énoncés suivants sont vrais ou faux.

1. Un commerce a été visité par des gangsters.
2. Ils se sont enfuis après avoir commis un forfait.
3. Grâce au système d'alarme, la police est vite arrivée sur les lieux du drame.
4. Le vol a été commis à l'aube avant l'arrivée du gardien.
5. Il n'y a qu'un seul témoin.

piste 35 ⟩ **2 LE CRIME PARFAIT : VOL DE TABLEAUX AU MUSÉE DE MONTRÉAL**

2.1 Écoutez, puis répondez aux questions.

1. De quel crime s'agit-il ?
2. Quand a-t-il eu lieu ?
3. Que s'est-il passé exactement ?
4. Quel est le montant de la récompense ?
5. Qui était chargé de l'enquête ?

2.2 À votre tour, posez des questions sur les aspects suivants de l'écoute.

1. Le nombre de tableaux disparus
2. Le lieu où on a volé les tableaux
3. Le nombre de voleurs
4. Les auteurs des tableaux volés
5. La raison du vol

PRONONCEZ

⟩ LES SCHÉMAS INTONATIFS DE LA QUESTION

- L'intonation est montante dans la **question totale** (question non introduite par un marqueur interrogatif et dont la réponse commence par oui ou par non).

  *Tu **pars** ?* ↗   *Oui, je pars demain.*
  *Pars-**tu** ?* ↗   *Non, je reste ici.*

  > **Attention :** Avec **est-ce que** dans la question, l'intonation monte sur le **que**.
  >
  >   ↗ ↘
  >   *Est-ce **que** vous comprenez ?*

- Dans une **question partielle**, l'intonation monte sur **le marqueur interrogatif** et descend ensuite.

      ↗   ↘
  Qu'est-ce que tu racontes ?
        ↗   ↘
  Comment faites-vous ?
        ↗   ↘
  *Pour **qui** travaillez-vous ?*

piste 36

1. Marquez d'une flèche l'intonation montante dans l'énoncé, puis vérifiez avec l'enregistrement.

1. Ils viennent ?

2. Vous sortez ?

3. Qu'est-ce que tu en penses ?

4. Comment travaillez-vous ?

5. Vous aimez étudier ?

6. Est-ce que vous travaillez ?

7. Pourquoi est-ce que vous travaillez dans ce restaurant ?

piste 37

2. Transformez chaque question en utilisant l'inversion, puis écoutez pour vérifier vos réponses.

1. Quand est-ce que tu viens ?
2. Qu'est-ce qu'il fait ?
3. Qu'est-ce qu'elle montre ?
4. Où est-ce que vous habitez ?
5. Sur qui est-ce que les soupçons portent ?

piste 38

3. Écoutez et faites l'exercice.

Écoutez chaque phrase et dites s'il s'agit d'une interrogation directe ou indirecte.

1. ✳   4. ✳
2. ✳   5. ✳
3. ✳

piste 39

4. Dites si ces phrases sont à la voix passive ou active.

1. ✳   4. ✳
2. ✳   5. ✳
3. ✳   6. ✳

ÉCHANGEZ

❭ DÉCRIRE UNE PERSONNE

 1. Écoutez, puis répondez aux questions.

1. Comment le témoin décrit-il l'homme et la femme?
2. Quelle impression a-t-il des deux individus?

Expressions pour décrire une personne	
Pour dire de qui on parle	Une personne, un homme, un monsieur, une femme, une jeune femme, un individu, un type (fam.), un mec (fam.)
Attention : On dit *c'est un homme* et non ~~Il est~~ un homme.	
Pour en décrire le physique et la personnalité La préposition **à**	*C'est un homme/une femme **à** la démarche hésitante, **au** regard clair, **aux** yeux perçants.*
Attention : Ne dites pas **avec**. <div align="center">*Un homme ~~avec des~~ yeux perçants et ~~avec une~~ allure **décontractée***</div>	
Il/Elle est assez/très/plutôt + adjectif	*Il est assez grand, **plutôt** discret, **très** apprécié de ses collègues.*
C'est quelqu'un de + adjectif au masculin	*C'est **quelqu'un de** poli, discret…*
Attention : Quelqu'un fait référence à un homme ou à une femme.	
être d'origine + adjectif	*Il **est d'origine** asiatique, européenne, nord-américaine.*
avoir l'air + adjectif **trouver un air** + adjectif	*Il **n'avait pas l'air** bien méchant.* *Je lui **ai trouvé un air** louche.*
Paraître/sembler + adjectif **Ressembler à** + nom	*Il **semblait** inquiet, soucieux.* *Il **ressemble à** un acteur connu.*

2. En équipes de deux, faites la description d'une personne.

1. Un concierge et un inspecteur : le concierge raconte ce qu'il a vu.
2. La personne qui doit vous attendre à l'aéroport et vous-même : vous vous décrivez au téléphone à la personne en question.
3. Vos parents et vous-même : vous décrivez à vos parents le copain qui va leur rendre visite prochainement.

3. Qui est-ce?

1. Devinez qui est le personnage d'après ce portrait.
   C'est un jeune héros de bandes dessinées, toujours accompagné de son fidèle chien Milou. Il est aventureux et curieux. Il vit des aventures extraordinaires dans le monde entier. Le capitaine Haddock, barbu au caractère orageux, l'accompagne dans ses voyages.

2. À votre tour!
   Pensez à un personnage célèbre de roman policier, de bandes dessinées, de film. Trouvez ses caractéristiques physiques et morales, puis donnez des indices à un camarade de classe pour lui faire deviner de quel personnage il s'agit. Utilisez les expressions de description du tableau ci-dessus.

4. Travaillez en équipes de deux. Vous êtes inspecteur ou inspectrice et vous faites votre rapport au commissaire. Vous devez décrire les cinq suspects dans une affaire de vol. Utilisez les éléments du tableau ci-contre pour vous aider à faire vos descriptions à votre coéquipier.

5. Par groupes de deux, imaginez un dialogue entre deux des personnages représentés dans la scène suivante, puis présentez-le à la classe.

RÉDIGEZ

LA REPRISE DE L'INFORMATION ET LA FORME PASSIVE

Observez l'enchaînement des deux phrases.

*Le commissaire a identifié **le coupable** au cours d'une minutieuse enquête.* (forme active)

***Celui-ci (le coupable) a été** immédiatement **arrêté et emprisonné**.* (forme passive)

- Le **COD** de la phrase à la forme active (phrase 1) est devenu **sujet** de la phrase à la forme passive (phrase 2). L'utilisation de la forme passive dans la seconde phrase permet de reprendre le thème de la phrase précédente, contribuant ainsi à la progression (ou à la continuité) de l'information dans un texte.

1. Enchaînez les phrases en utilisant la forme passive et les verbes suivants.

être déclaré	être relâché	être volé	être retenu	être recueilli

1. Le policier a interrogé le suspect. Par manque de preuve, celui-ci ✳.
2. La police scientifique est arrivée sur les lieux du crime. Elle a relevé des empreintes. Celles-ci ✳ pour être analysées.
3. La jeune femme a découvert la disparition des bijoux. Ces bijoux ✳ au milieu de la nuit d'après la police scientifique.
4. L'avocat a rencontré tous les témoins. Certains ✳ pour l'audience du mois prochain.
5. Le jury a délibéré. Le suspect ✳ coupable.

2. Remettez dans l'ordre ces phrases relatant un fait divers.

1. On se demande maintenant si ce dernier n'est pas impliqué dans cette affaire.
2. Hier, la banque Malousi située au carrefour des rues Champlain et De Gaule a été dévalisée par deux cagoulards.
3. La police leur a assuré que les coupables n'étaient pas loin.
4. Ceux-ci ont emporté la coquette somme d'un million de dollars.
5. Les clients qui étaient dans la banque au moment du vol ont été traumatisés.
6. Le responsable de la banque apprendra rapidement que le système d'alarme avait été désactivé ce matin-là par le gardien.

3. Rédigez un fait divers à partir des titres suivants.

Utilisez les verbes au passé composé, les expressions de temps, la forme passive.

– Incendie criminel
– Deux policiers abattus
– Démantèlement d'un réseau de trafiquants de drogue

4. Écrivez une suite à l'interrogatoire suivant.

Le juge :	Vous vous appelez Caroline Dupont, née Persan ?
Caroline Dupont :	Oui, monsieur le juge.
Le juge :	Vous êtes la voisine de l'accusé ?
	Vous connaissez la victime ?
Caroline Dupont :	Oui, monsieur le juge.

5. Rédigez un fait divers à partir des illustrations suivantes.

RAPPEL GRAMMATICAL

LES PRÉPOSITIONS À ET DE

*Tu **commences** sérieusement **à** m'énerver.*
*J'**ai oublié de** t'envoyer le dossier en pièce jointe.*
*Ils **ont besoin de** dormir après un tel voyage.*
*Je **t'encourage à** poursuivre tes études.*
*Arsène Lupin **s'attend au** pire.*

PRÉPOSITIONS À ET DE APRÈS LES VERBES

à + verbe	de + verbe	à + groupe nominal	de + groupe nominal
aider à	avoir besoin de	être dû à	avoir besoin de
apprendre à	avoir envie de	faire attention à	avoir envie de
arriver à	avoir l'intention de	manquer à (quelqu'un)	avoir peur de
chercher à	avoir peur de	participer à	être à l'origine de
commencer à	avoir pour but de	plaire à	être vêtu de
continuer à	commencer de	ressembler à	faire la connaissance de
encourager à	décider de	téléphoner à	se moquer de
hésiter à	essayer de	toucher à	
inciter à	être ravi(e) de	s'opposer à	
pousser à	finir de		
réussir à	interdire de		
s'attendre à	oublier de		
s'opposer à	(pro)venir de		
	refuser de		
	regretter de		
	tâcher de		

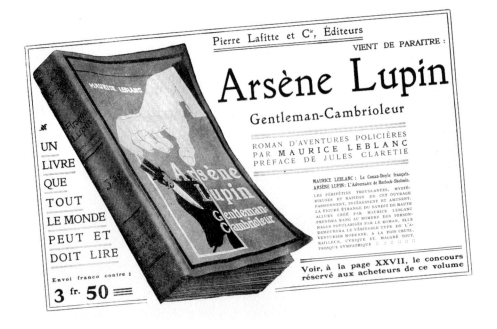

module 7

La formation et le travail

Le stress:
le mal du siècle frappe également les étudiants

Madame Trad

Madame Lambert

Monsieur Bâ

Monsieur Dubois

piste 41   **Écoutez, puis répondez aux questions.**

1. Quelle est la profession de M. Dubois et quelle est celle de Mme Lambert?
2. D'après M. Dubois, que signifie le mot *stress*?
3. Quelle est la nationalité de M. Bâ? Pouvez-vous situer géographiquement son pays d'origine? Quelle est sa profession?
4. Selon M. Dubois, quels sont les éléments qui déclenchent le stress?
5. Que pense Mme Lambert des commentaires de M. Dubois?
6. Quelle est la profession de Mme Trad?
7. Qu'est-ce que ces invités ont en commun?
8. Quelles sont les solutions proposées par Mme Lambert?
9. Quelles sont les solutions proposées par M. Dubois?
10. Comment M. Bâ a conclu son intervention?

Cohabitation étudiants-parents : devenir **soi-même**

Les jeunes reportent de plus en plus l'âge du départ de la maison parentale. [...] Les jeunes restent de plus en plus longtemps chez leurs parents. Les statistiques attestent ce constat. [...] En France, ce report date de la seconde moitié des années 1970, [...] et s'affirme au début des années 1980. En 1995, il reste encore plus d'un jeune de 25 ans sur quatre chez ses parents, et un sur dix à 29 ans. Des données plus récentes indiquent une augmentation du nombre des jeunes de 20 à 24 ans qui cohabitent avec leurs parents. [...] Les jeunes gens qui poursuivent des études vivent plus souvent chez leurs parents que les chômeurs. L'étudiant qui cohabite avec ses parents n'a franchi aucun des principaux seuils qui marquent le passage à l'âge adulte. Il bénéficie de soutiens parentaux de différentes natures : économique, matériel, affectif. Pour Pierre Bourdieu, ces divers types de dépendance de l'étudiant le définissent comme celui qui a un « statut temporaire, — mi-enfant, mi-adulte, ni enfant, ni adulte ».

Source : Elsa Ramos, *Cultures en mouvement*, nº 30, septembre 2000, p. 54-57.

Lisez cet extrait d'article, puis répondez aux questions.

1. À qui s'adresse le texte ?
2. Quel est l'objet du texte ?
3. Pourquoi les étudiants restent-ils plus longtemps chez leurs parents que les chômeurs ?
4. Comment Pierre Bourdieu définit-il cette situation ? Êtes-vous d'accord ?
5. Ce texte vous paraît-il intéressant ? Avez-vous déjà réfléchi à cette question ?

APPRENEZ DE NOUVEAUX MOTS

1 LES ÉTUDES

Noms	Verbes et expressions
des cours de psychologie, etc.	abandonner un cours
des salles de classe	aller à l'université
l'école primaire (le maître / la maîtresse)	avoir ou obtenir une bourse
l'école secondaire (le professeur, l'enseignant / l'enseignante)	donner des cours
le collège, l'université (le professeur)	échouer à un examen
	emprunter des livres
un baccalauréat (France : fin des études secondaires ; Canada : fin des études universitaires, premier cycle)	enseigner les maths
	être étudiant en histoire
un diplôme	être reçu à un examen / un concours
une bourse	étudier le théâtre
une discipline	faire des études supérieures
une licence (France)	passer des concours / des examens
une maîtrise	poursuivre des études
une matière	prendre rendez-vous avec un prof
une spécialité	présenter (ou faire) un exposé
	rédiger un mémoire (pour une maîtrise), une thèse (pour un doctorat)
	rendre des travaux
	réussir à un examen
	s'inscrire à l'université
	suivre des cours de génie

1.1 À l'aide du tableau ci-dessus, trouvez le mot ou l'expression qui manque.

1. Un étudiant au doctorat rédigera une thèse ; un étudiant à la maîtrise rédigera un ✱.
2. Je ne peux pas sortir ce soir car je prépare mon ✱ oral.
3. Après l'école secondaire, je vais certainement ✱.
4. Certaines ✱ sont attribuées en fonction des ressources des parents.
5. Pour vous ✱, il faut remplir ce formulaire.

1.2 Complétez les phrases à l'aide des verbes ci-dessous.

passer	être aimé	poursuivre	acquérir	faire	réussir

1. Mes parents m'ont conseillé d'arrêter mon travail et de ✱ mes études.
2. C'est un travail intéressant : j'✱ chaque jour de l'expérience.
3. Ce professeur ✱ de ses étudiants.
4. Je vais me coucher tôt, car je ✱ mon examen oral demain à 9 heures.
5. On dit qu'en première année universitaire, les filles ✱ mieux que les garçons.
6. Le professeur nous a demandé de ✱ un travail de synthèse.

❷ LE MONDE DU TRAVAIL

Noms	Verbes et expressions
le marché du travail	avoir de l'expérience
les affaires	avoir des références
les avantages sociaux	envisager
un candidat	envoyer son curriculum vitæ (CV)
un fonctionnaire	être à la retraite
un licenciement	être au chômage (être chômeur)
un salaire (un salarié)	être en congé
un stage (un stagiaire)	faire la grève
un travail à temps plein / à temps partiel	faire un stage
une entreprise	faire une demande d'emploi
	gagner un salaire
	gérer sa vie, son budget
	licencier
	planifier son emploi du temps
	poser sa candidature à un poste*
	prendre un rendez-vous
	prévoir
	recruter / embaucher / engager
	remplir un formulaire
	répondre à une annonce
	se préparer pour un entretien d'embauche

Attention : Un poste est un emploi et la poste correspond au service d'acheminement et de distribution du courrier (aller au bureau de poste).

2.1 Complétez les phrases en associant les chiffres aux lettres.

1. Pourquoi avez-vous répondu
2. Le travail est intéressant et
3. Je ne veux pas rester
4. Il déprime un peu
5. Vous trouverez ci-joint

a) parce qu'il a été licencié.
b) mon curriculum vitæ.
c) toute ma vie dans cette entreprise.
d) à notre annonce ?
e) j'ai de nombreux avantages sociaux.

2.2 Complétez les phrases à l'aide des mots suivants.

> annonce   candidature   entretien   stage obligatoire
> compétences   intéresse   retraite   le poste

1. Actuellement étudiante en quatrième année d'économie, option marketing, je suis à la recherche d'un ✳ dans le cadre de cette formation.
2. ✳ de vendeur que vous proposez m'✳ tout particulièrement.
3. Je vous remercie de m'accorder cet ✳ qui vous permettra d'apprécier mes ✳ et mes motivations.
4. Je pose ma ✳ en réponse à votre ✳ parue dans le quotidien *La Presse* de Montréal.
5. Mon père va prendre sa ✳ dans cinq ans.

OBSERVEZ ET EMPLOYEZ LES STRUCTURES

1 LE SUBJONCTIF PRÉSENT

Observez.

---

*Ils sont obligés de continuer à habiter chez leurs parents, au moins **jusqu'à ce qu'**ils **obtiennent** leur diplôme.*

*Selon vous, qu'est-ce que les universités peuvent faire **pour que** les étudiants **soient** moins stressés ?*

***Je ne crois pas**, pour ma part, **que** l'on **puisse** trouver une solution unique et définitive.*

***Il est dommage** que les bourses ne **soient** pas suffisantes.*

• Quels temps et mode reconnaissez-vous ?

EMPLOI DU SUBJONCTIF PRÉSENT

• Le subjonctif présent s'emploie après certaines conjonctions et locutions conjonctives
- de temps : **avant que**, **en attendant que** ;
- de but : **pour que**, **afin que** ;
- de condition : **à condition que**, **malgré que** ;
- de concession : **quoique**, **bien que**.
***Bien qu'**il **soit** qualifié pour le poste, il ne l'a pas obtenu.*

Attention : Les expressions de but **pour**, **afin de** sont suivies de l'infinitif.
*Mes parents ont mis de côté un peu d'argent **pour payer** mes études.*

• Certains verbes de la phrase principale exigent l'emploi du subjonctif dans la phrase subordonnée :
- les verbes qui expriment la crainte, le doute, l'incertitude ;
*Je **doute** qu'il **vienne** à ce rendez-vous.*
*Ils **craignent** que leurs amis ne **viennent** pas.*
- les verbes **croire**, **penser**, **trouver** et l'expression **être sûr**, s'ils sont employés à la forme négative ou interrogative.
***Crois**-tu que l'on **puisse** trouver une solution ?*

Attention : À la forme affirmative, les verbes de la subordonnée se mettent à l'indicatif.
*Je **crois** que l'on **peut** trouver une solution.*
*Je ne **crois** pas que l'on **puisse** trouver une solution.*

• Le subjonctif s'emploie après certaines constructions impersonnelles.
***Il vaut mieux que** vous **partiez** tout de suite.*
***Il est possible qu'**ils **veuillent** nous prévenir.*

Le tableau suivant présente les phrases impersonnelles qui commandent l'emploi de l'indicatif et celles qui commandent l'emploi du subjonctif.

Indicatif	Subjonctif
Il est évident	Il est / C'est possible / impossible
Il est sûr / certain / vrai	Il est fréquent
Il est probable	Il est obligatoire / nécessaire / important / utile
Il me semble	Il est indispensable / essentiel
Il apparaît	Il est dommage / regrettable / triste / scandaleux
Il est convenu	Il est étonnant / surprenant
	Il est bon / bien / normal / juste / heureux
	Il semble
	Il vaut mieux

1.1 Complétez les phrases à l'aide des verbes suivants au subjonctif.

apporter   terminer   abandonner   laisser   s'inscrire   aimer   être

1. Il est important que les nouveaux étudiants ✱ avant le 15 août.
2. Il vaut mieux que vous ✱ votre thèse avant la fin du mois.
3. Il est indispensable que vous nous ✱ votre carte de bibliothèque pour emprunter ce livre.
4. Je ne crois pas qu'il ✱ prêt à occuper un poste de haut niveau.
5. Cela m'inquiète qu'elle ✱ ces cours.
6. Est-il nécessaire que nous ✱ un dictionnaire ?
7. Croyez-vous que les élèves ✱ étudier les langues étrangères ?

1.2 Complétez ces phrases en employant le subjonctif. Indiquez si c'est une locution conjonctive de but, de condition, de temps ou de concession.

1. Mes parents m'ont acheté un petit studio pour que ✱.
2. Je t'accompagnerai à condition que ✱.
3. Elle m'a donné de l'argent pour que ✱.
4. Bien que cette fille ✱, elle a le sens des responsabilités.
5. Rentrons chez nous avant que ✱.

1.3 Complétez ces phrases avec des propositions à l'indicatif ou au subjonctif.

1. Il semble que ✱.
2. Je ne crois pas que ✱.
3. Il me semble que ✱.
4. Je crois que ✱.
5. Il est probable que ✱.
6. Il est important que ✱.

2 LE SUBJONCTIF PASSÉ

Observez.

*Je doute que vous m'**ayez** bien **compris** hier.*
*C'est dommage que tu n'**aies** pas **pu** venir la semaine dernière.*

• Qu'est-ce que vous remarquez ?

FORMATION DU SUBJONCTIF PASSÉ

Le subjonctif passé est un temps composé de l'auxiliaire **avoir** ou **être** au subjonctif présent et du participe passé du verbe.

*Nous regrettons que Vincent **soit parti**.*

■ Emploi du subjonctif passé

Le verbe de la subordonnée est au subjonctif passé si l'action a lieu avant l'action de la principale. Il traduit l'antériorité.

*C'est dommage qu'elle ne **soit** pas **venue**.*

2.1 Mettez les verbes entre parenthèses au subjonctif passé.

1. C'est dommage que vous (ne pas venir) ✱.
2. Je ne crois pas qu'elle (obtenir) ✱ le poste qu'elle voulait.
3. Mes parents sont déçus que tu (ne pas pouvoir) ✱ venir le week-end.
4. Les professeurs sont ravis que leurs étudiants (être accepté) ✱ à l'École normale supérieure.
5. On n'en pouvait plus. Nous sommes contentes qu'il (partir) ✱.
6. Elle restera avec nous jusqu'à ce que nous (finir) ✱ nos devoirs.
7. J'ai réussi à créer mon site Web bien que personne ne m' (aider) ✱.

▸ ❸ LE PARTICIPE PRÉSENT

Observez.

*Le coût de la vie **qui augmente** d'année en année…*
*Le coût de la vie **augmentant** d'année en année…*

• Qu'est-ce que vous remarquez ?

FORMATION DU PARTICIPE PRÉSENT

Le participe présent est formé en ajoutant **ant** au radical du verbe au présent de l'indicatif à la première personne du pluriel.

parlons → parlant   finissons → finissant   pratiquons → pratiquant

Attention : Certains verbes sont irréguliers.

    être → étant   avoir → ayant   savoir → sachant

■ Emploi du participe présent

Le participe présent est un mode impersonnel du verbe. Il est invariable. Il peut être remplacé par une proposition relative introduite par **qui**.

*La vieille dame a surpris un homme **qui volait** des livres. / **volant** des livres.*

Attention : Ne confondez pas les verbes au participe présent avec les adjectifs verbaux.

    communiquant   communicant

3.1 Mettez les verbes entre parenthèses au participe présent.

1. Quand les étudiants deviennent trop sérieux, ils ne pensent qu'à leurs études, (oublier) ✳ leurs parents et leurs amis.
2. (Ne rien comprendre) ✳, elle a abandonné tous ses cours d'économie et de commerce.
3. L'examen (approcher) ✳, les étudiants commencent à réviser sérieusement.
4. (Savoir) ✳ que vous n'alliez pas venir, j'ai reporté notre rendez-vous.
5. (Penser) ✳ qu'il allait faire froid, j'ai pris mon manteau.

❹ LE GÉRONDIF

Observez.

*On fait des progrès **en étudiant** de manière concentrée.*
*Il étudie **en écoutant** de la musique.*

• Qu'est-ce que vous remarquez?

FORMATION DU GÉRONDIF

Le gérondif se compose de **en** et d'un **participe présent**.
nous parlons → en parlant   *nous choisissons → en choisissant*

■ Emploi du gérondif

- Le gérondif s'utilise pour exprimer :
  - la simultanéité de deux actions ;
    *Elle fait ses devoirs (tout) **en écoutant** de la musique classique.* (Elle fait ses devoirs **et** elle écoute de la musique classique.)
  - la cause ;
    *Il a réussi sa première année de médecine **en travaillant** fort.* (grâce à son travail assidu)
  - la condition (**si**…) ;
    ***En réfléchissant** un peu, on comprend que c'est leur rythme de vie.* (Si on réfléchit…)
  - la manière ou le moyen.
    ***En lisant** des articles scientifiques, on apprend beaucoup de choses sur ce sujet.*

Attention : Le gérondif est invariable. Son sujet est toujours le même que celui de la proposition principale.

4.1 Complétez les phrases avec le verbe approprié en utilisant le gérondif.

> faire   aller   naviguer   écouter   savoir   travailler

1. Elle a pu réussir son concours ✳ jour et nuit.
2. Ils se sont rencontrés ✳ du jogging.
3. ✳ que le professeur allait parler de l'examen, les étudiants sont restés attentifs.
4. Je fais souvent mes devoirs ✳ du jazz.
5. Elle a eu cet accident ✳ au travail.
6. J'ai trouvé la réponse ✳ sur Internet.

module 7

Découvrez…

L'éducation en Afrique francophone

La scolarisation des filles à Madagascar – l'école des savoirs, RFI

piste 42   ■ **Écoutez, puis répondez aux questions.**

1. Où se trouve la république de Madagascar ?
2. Quelle en est la capitale ? Comment appelle-t-on les habitants de Madagascar ?
3. Quelle est la profession de Bénédicte Gastineau ?
4. Il y a combien d'élèves dans la classe ? Quel est l'âge des enfants ?
5. Pourquoi les garçons redoublent-ils ?
6. Quel est le pourcentage de filles qui rentrent au collège ?

L'école au Burkina Faso

Le Burkina Faso a été le témoin principal de grands moments dans le mouvement international pour la promotion de l'éducation des filles et des femmes, puisque le pays a été l'hôte de plusieurs conférences importantes, dont certaines organisées par l'UNESCO.

Cependant, dans les faits, les statistiques disponibles prouvent que l'accès à l'éducation de base est encore limité au Burkina Faso. Seuls 900 000 des deux millions d'enfants d'âge scolaire, soit 42,7 %, vont à l'école, et 36,2 % d'entre eux sont des filles. L'écart entre les sexes est à peu près de 10 % dans les centres urbains et de 12 % dans les campagnes.

Parmi les défis à relever pour combler le large écart entre les sexes en matière d'accès à l'éducation, mentionnons :

- la sensibilisation et la mobilisation, avec la participation des organisations non gouvernementales (ONG) ;

- la formation des enseignants, notamment une sensibilisation aux questions de genre ;

- des incitations spécifiques : manuels gratuits pour les filles, amélioration de l'environnement scolaire, quotas d'admission spécifiques, logement pour les enseignants, etc. ;

- une collaboration avec les services gouvernementaux et les organismes s'intéressant à la question des femmes et du genre.

■ Compréhension

Lisez le texte, puis répondez aux questions.

1. Où se trouve le Burkina Faso ?
2. Quel rôle a joué le Burkina Faso dans le mouvement international pour la promotion de l'éducation des filles et des femmes ?
3. Quel est le pourcentage des enfants d'âge scolaire qui fréquentent l'école au Burkina Faso ?
4. Quel est le pourcentage des filles qui fréquentent l'école ?
5. Quels sont les défis à surmonter pour améliorer l'éducation des femmes et des filles dans ce pays ?

ÉCOUTEZ

piste 43 **1. Écoutez l'enregistrement et cochez la case de l'énoncé correspondant.**

Choisissez les phrases ayant le même sens que celles que vous entendez.

1. a) Il suffit de faire un minimum de travail pour obtenir son doctorat. ☐
   b) Il faut préparer une thèse de doctorat. ☐
   c) Seuls l'effort et le travail nous aident à réussir. ☐
   d) Avoir une bonne discipline de travail permet de terminer sa thèse de doctorat. ☐

2. a) Croyant qu'il était en vacances, je lui ai envoyé la description d'un poste. ☐
   b) Je lui ai envoyé une lettre par la poste. ☐
   c) Croyant qu'il était au chômage, je lui ai envoyé la direction de la poste. ☐
   d) Puisqu'il ne travaille pas, je lui ai envoyé la description d'un poste. ☐

3. a) La préparation d'un entretien d'embauche doit se faire seul. ☐
   b) Si vous voulez entretenir une bonne relation, il faut que vous vous organisiez. ☐
   c) Pour réussir votre CV, il est important que vous le prépariez soigneusement. ☐
   d) Ce serait mieux que vous prépariez votre entretien d'embauche avec une personne qui a de l'expérience. ☐

4. a) L'université nous demande de rencontrer des stagiaires. ☐
   b) Les étudiants doivent recevoir une formation pratique de deux mois dans un pays francophone. ☐
   c) Pour obtenir un diplôme, il faut habiter dans un pays francophone. ☐
   d) L'université exige que tous les étudiants suivent des cours de français dans un pays francophone. ☐

5. a) La personne va obtenir une augmentation de salaire parce qu'elle a déménagé. ☐
   b) Ce n'est pas sûr que la personne obtienne une augmentation de salaire. ☐
   c) En déménageant dans une autre ville, la personne a réussi à trouver un emploi stable. ☐
   d) Il ne voulait pas changer de ville pour obtenir un emploi à temps plein. ☐

2. Écoutez de nouveau l'enregistrement et relevez les phrases au subjonctif, au gérondif ou au participe présent.

SONDAGE : LE STRESS

piste 44 **1. Écoutez ce micro-sondage de Radio 95,3 auprès de quatre passants et répondez aux questions.**

1. Quelle est la question de la journaliste :
   a) au premier passant ?
   b) au troisième passant ?

2. Comment le premier et le troisième passant ont-ils défini le mot *éducation* ?

3. Est-ce que ces passants ont bien répondu à la question ?

2. Écoutez de nouveau le sondage et dites quel passant a prononcé ces phrases : le 1ᵉʳ, le 2ᵉ, le 3ᵉ ou le 4ᵉ ?

1. **Passant :** Ben… c'est ça… l'examen, le stress, l'impression de ne jamais avoir de temps… courir pour aller à la bibliothèque… pour aller en classe… ne pas oublier d'appeler les parents…

2. **Passant :** Eh bien, c'est ce qui n'est pas religieux.

3. **Passant :** L'éducation pour moi, c'est… je ne veux pas être pessimiste, mais c'est le chômage. Regardez, ça fait deux ans que j'ai mon diplôme en Commerce et informatique et je travaille comme serveur dans un café. Vous trouvez ça normal, vous ? J'en ai ras-le-bol, moi.

4. **Passant :** Vous appelez ça une petite question, vous ? Voyons… é-du-ca-tion, hmm…

Prononcez

❶ LES VOYELLES NASALES

En français, il y a quatre voyelles nasales :

- [ɑ̃] comme dans d**an**se, **em**ploi, **en**t**en**te, **am**bula**n**cier ;
- [ɔ̃] comme dans l**on**gue, **pom**pier ;
- [ɛ̃] comme dans l**in**guistique, physic**ien**, l**oin**, tr**ain**, f**aim**, p**ein**ture ;
- [œ̃] comme dans chac**un**, parf**um**.

 piste 45

1.1 Écoutez et indiquez combien de fois vous entendez les voyelles nasales [ɑ̃], [ɔ̃], [ɛ̃], [œ̃].

1. ✳	3. ✳	5. ✳	7. ✳
2. ✳	4. ✳	6. ✳	8. ✳

❷ LES SEMI-VOYELLES

En français, il y a trois semi-voyelles :

- [j] comme dans **fille** [fij] ;
- [w] comme dans **moi** [mwa] ;
- [ɥ] comme dans **lui** [lɥi].

piste 46

2.1 Écoutez et répétez les phrases suivantes. Prononcez les sons [j], [w], [ɥ].

1. La fille aux yeux bleus a pris votre billet.
2. Je suis fatiguée, j'ai un peu sommeil.
3. Il y a un très vieux livre sur la table.
4. Moi, j'aime beaucoup le mois de mai.
5. Vous voyez ces oiseaux ?
6. Il boit au singulier et ils boivent au pluriel, n'est-ce pas ?
7. Lui, il a huit ans. Et elle ?
8. C'est lui qui a vu Louis.

piste 47   **2.2 Écoutez et répétez. Prononcez bien les voyelles nasales et les semi-voyelles.**

    1. Il est dommage que les bourses ne soient pas suffisantes.

    2. En lisant des articles scientifiques ou des revues, on se rend compte que c'est une réalité du monde contemporain.

    3. Il est essentiel que les universités les aident sur le plan financier, mais aussi sur le plan psychologique en mettant en place des centres de soutien.

    4. On peut apporter des améliorations, à condition que les étudiants veuillent bien changer leurs conditions de vie.

    5. Les jeunes gens qui poursuivent des études vivent plus souvent chez leurs parents que les chômeurs.

piste 48   **2.3 Écoutez et écrivez au subjonctif les verbes que vous entendez.**

    1. Il faut que j'✳ chez mes amis.

    2. Dommage que vous n'✳ pas assez de temps.

    3. Il vaut mieux que tu ✳ tout de suite. Ils annoncent une tempête de neige.

    4. J'aimerais bien que vous ✳ la conjugaison des verbes.

    5. Mes parents sont ravis que vous ✳ nous voir.

    6. Il faut qu'il ✳ un peu de courage.

    7. Elle est contente que tu ✳ ce prix.

    8. Je ne crois pas qu'il ✳ son diplôme.

ÉCHANGEZ

PRÉPARER UN DÉBAT

Voici les principaux aspects à considérer dans la préparation d'un débat :

- définir le sujet ;
- choisir les deux camps qui s'opposent ;
- préciser les positions de chacun ;
- respecter les normes, les règles ;
- rechercher un minimum de points d'accord.

La tenue d'un débat implique la présence d'un président, ou animateur du débat, qui saura assurer son bon déroulement et diriger les interventions des participants.

■ Outils de communication

Président ou animateur du débat	
• Pour donner la parole :	– *Vous avez la parole. La parole est à…*
• Pour faire respecter le temps de parole :	– *Vous avez dépassé la limite du temps accordé.*
• Avant de terminer le débat :	– *Avez-vous des remarques, des suggestions à faire ? Quelqu'un veut ajouter quelque chose ?*
• Rappel du sujet de débat :	– *Attention ! vous vous écartez du sujet.*
• Pour conclure le débat :	– *Il est temps de conclure.*
	– *Comme nous sommes arrivés à un consensus / un accord…*
	– *Nous aurons très certainement l'occasion d'en reparler.*

Les intervenants	
• Pour gagner du temps :	– *De toute façon / En tout cas / Bien sûr / Si vous voulez / C'est-à-dire…*
• Pour appuyer l'idée de quelqu'un :	– *Exactement / Parfaitement / Justement, cela me rappelle que… / Je partage tout à fait ton point de vue.*
• Pour continuer :	– *De plus / Par ailleurs…*
• Pour marquer une opposition :	– *Je ne suis pas du tout d'accord.*
	– *Je ne crois pas que…*
	– *Vous vous trompez.*
	– *Mais / Pourtant / Cependant / Au contraire / Au lieu de…*

1. Débat sur la cohabitation étudiants-parents

Par groupes de deux, répondez aux questions.

1. Dans votre pays, est-ce que les jeunes habitent de plus en plus longtemps chez leurs parents ?
2. Quels sont les facteurs qui amènent les jeunes à cohabiter avec leurs parents ?
3. Pierre Bourdieu affirme que ces jeunes ont un « statut temporaire, — mi-enfant, mi-adulte ». Qu'est-ce que vous en pensez ?
4. Continuer d'habiter chez ses parents, n'est-ce pas leur donner un droit de regard sur son éducation ? Pensez-vous que cela contribue à la réussite scolaire ?

Choisissez votre camp et préparez vos arguments. Si vous désirez jouer le rôle de l'animateur, faites-en part à vos camarades.

2. Un exposé

Choisissez un des sujets traités dans ce module : le stress, le travail, l'éducation des filles.
En groupe, préparez un projet d'exposé.

1. Définissez votre sujet. Posez quelques questions : pourquoi avez-vous choisi ce sujet ?
2. Faites une recherche sur Internet ou à la bibliothèque. Vérifiez toujours les sources de vos documents (la fiabilité).
3. Préparez une liste de mots clés dont vous aurez besoin. Utilisez le vocabulaire de ce module ou des modules précédents.
4. Préparez l'introduction, le développement et la conclusion de votre exposé.
5. Entraînez-vous avant de présenter votre exposé.

RÉDIGEZ

⟩ LA CORRESPONDANCE

Une lettre contient le nom et l'adresse du scripteur, le lieu et la date, le nom et l'adresse du destinataire, l'objet de la lettre (correspondance administrative), la formule d'appel (Cher / Chère + prénom de la personne), le corps de la lettre et la formule de salutation.

- La **formule d'appel** est suivie d'une virgule.

  Pour les parents et les amis   *Mon cher / Ma chère* + nom de la personne,

  Pour les correspondants en général   *Madame, / Monsieur,*

- La **formule de salutation** est la dernière phrase de la lettre.

  Pour les parents et les amis

  Très amicalement / Bien à toi / vous

  Avec toute mon affection

  Bien cordialement (surtout pour les courriels)

  Pour les correspondants en général

  Je vous prie d'agréer, Madame / Monsieur, l'assurance de mes sentiments respectueux.

  Veuillez agréer, Madame / Monsieur, mes salutations distinguées.

  Veuillez croire, Madame / Monsieur, à ma considération distinguée.

- Le **corps de la lettre** est organisé en trois parties : une introduction, un développement et une conclusion.

⟩ LA RÉDACTION DU CV

piste 49

1. Écoutez l'interview de M. Jean-Marie Deschamps, notez ses conseils, puis répondez aux questions.

1. Quelle est la règle d'or pour réussir son CV ? Que faut-il faire ? Que doit-on éviter ?
2. Doit-on souligner ou mettre en gras ce qui est important ?
3. Peut-on écrire à M. Jean-Marie Deschamps directement ?

2. Vous voulez travailler dans un pays francophone. On vous demande une lettre accompagnée de votre CV. Choisissez le pays et rédigez une lettre. Pour faire votre CV, inspirez-vous du modèle suivant.

Odile Colin

29, rue Saint-Georges   Montréal, 18 février 20--
Montréal (Québec) H3X 2V5
Canada
Tél. : 514 123-4567
ocolin@yahoo.ca

Études – formation
- 1990-1995   Université de Montréal, baccalauréat en informatique

Stages professionnels
- 1995-1996   Séjours linguistiques à Mexico, Mexique
- 1995   Stage de deux mois en été au service à la clientèle de Lombardier, Montréal

Expérience professionnelle
- 2003   Directrice de TourEco International, Montréal
- 2000-2003   Directrice adjointe chez TourEco, Montréal
- 1997-2000   Informaticienne, Siège social de Lombardier à Montréal

Langues	**Centres d'intérêt**
• Excellent niveau en espagnol	• Club de lecture
• Notions d'anglais	• Sports : randonnée, natation

3. Lisez ces courriels et partagez à votre tour une expérience de travail en écrivant à un ou une ami(e). Si vous n'avez jamais travaillé, faites un commentaire sur ceux qui travaillent.

À : Christine354@yahoo, Gérard387@yahoo
De : Hélène389@yahoo
Date : Le 15 janvier 21 h 30
Objet : Mon premier boulot
«Hélène Barthe» <Hélène389> a écrit le 13 janvier 15 h 11

Alors ma chère Christine, as-tu commencé ton boulot ?
Raconte-nous un peu.

À : Hélène389@yahoo, Christine354@yahoo
De : Gérard387@yahoo
Date : Le 15 janvier 21 h 30
Objet : Mon premier boulot
«Gérard Marin» <Gérard387> a écrit le 11 janvier 10 h 34

Chère Christine, j'attends avec impatience de te lire. J'espère que tu es contente de ton travail. Vite un petit mot.

À : Gérard387@yahoo, Hélène389@yahoo
De : Christine354@yahoo
Date : Le 15 janvier 21 h 35
Objet : Mon premier boulot

Chère Hélène, cher Gérard,
J'ai finalement trouvé un petit boulot dans un magasin qui vend du matériel audiovisuel et électronique. J'ai déjà rencontré tous mes collègues : le plus jeune a 19 ans, comme moi, et le plus âgé, c'est le patron, il a 32 ans. Le premier jour, en arrivant au magasin, j'avais très peur, car c'était mon premier boulot. J'étais bien habillée tandis que tout le monde était en tenue décontractée. Les gens sont tous sympas, sauf le patron qui se prend pour un véritable chef. Il aime bien donner des ordres, vérifier si l'on est arrivé à l'heure, si l'on prend une pause-café trop prolongée. J'ai un travail difficile. Il faut que je réponde aux clients en français ou en anglais et que je m'occupe du site Web. Tout est toujours urgent. C'est un peu stressant. Pour que je puisse faire mes devoirs tout en travaillant, j'ai un horaire de travail adapté : de 16 h à 21 h. La plupart de mes collègues partent à 18 h, après c'est tranquille. De temps en temps, je soupe avec quelques collègues dans un restaurant libanais qui est juste à côté du magasin. Le samedi soir et le dimanche soir, si j'ai le temps, je sors rencontrer mes amis. Et vous ? Avez-vous réussi à trouver quelque chose ?
Très amicalement, Christine.

RAPPEL GRAMMATICAL

❭ L'ADVERBE

- L'**adverbe** sert souvent à compléter ou à renforcer le sens d'un **verbe**, d'un **adjectif** ou d'un **autre adverbe**. On le place alors avant ou après le mot qu'il complète.

  *Le temps passe **vite**.*   *Le café est **très** chaud.*   *À Londres, il pleut **très** souvent.*
           verbe   adjectif   autre adverbe

- L'adverbe ou la locution adverbiale jouent le rôle de compléments de :

  - **de temps** : hier, demain, autrefois, quelquefois, tôt, tard, tout de suite, plus tard, longtemps, souvent, rarement, toujours, soudain, parfois ;

  - **de quantité et d'intensité** : beaucoup, peu, très, plus, moins, davantage, trop, fort, tellement, tant, presque ;

  - **de lieu** : ici, devant, là, y, derrière, ailleurs, près, loin, dedans, dehors, dessus, dessous, où, par ici, par là ;

  - **de manière** : comment, ainsi, autrement, à la fois et les adverbes en **ment** (**gentiment**, **doucement**, etc.).

▦ La place de l'adverbe

- Les adverbes se placent en général au début de la phrase. (On met une virgule juste après l'adverbe.)

  ***Hier**, j'ai vu un énorme écureuil dans mon jardin.*

- Lorsque le verbe est à un temps simple, l'adverbe se place juste après lui.

  *À cause de la canicule, je dors **peu**.*

  *Je prends **souvent** le métro.*

- Certains adverbes compléments d'un verbe conjugué à un temps composé se placent entre l'auxiliaire et le participe passé : **bien, mal, beaucoup, trop, souvent, rarement, peut-être, déjà.**

  *Il est en retard. Il a **peut-être** oublié notre rendez-vous.*

  *La directrice est **déjà** partie ?*

> **Attention :** • Certains adverbes sont toujours placés après les verbes même à un temps composé : **tôt, tard, vite, lentement, dehors, facilement, dehors.**
>
>   *Je suis fatiguée parce que je me suis couchée **tard**.*
>
> • On ne dit pas : *Je ~~souvent~~ prends le métro.*
>   On dit : *Je prends **souvent** le métro.*

module 8

Le forum des artistes

Objectifs communicatifs

Parler de l'art

Décrire et apprécier une œuvre d'art

Sommaire

Rencontre avec
Corneille

Il s'agit, bien sûr, du chanteur canadien d'origine rwandaise. Comme l'indique le titre de son premier album *Parce qu'on vient de loin*, Corneille vient de très loin. De son vrai nom Cornelius Nyungura, il a vu le jour à Fribourg (Allemagne) en 1977. Il passe son adolescence au Rwanda jusqu'en 1994, année tragique où la guerre civile éclate. Sa famille est massacrée et il échappe de justesse à la mort en se cachant derrière un canapé. Corneille se réfugie alors en Allemagne. Au bout de trois ans, il décide d'aller poursuivre ses études à l'Université Concordia, à Montréal. En 2001, il entreprend une carrière solo. Même si, dès son très jeune âge, il est passionné par des chanteurs tels que Stevie Wonder, Prince ou encore Marvin Gaye, ses chansons sont surtout inspirées par le style hip-hop et R&B. Un an plus tard, il se fait remarquer au festival des Francofolies de La Rochelle (France). Le 10 septembre 2002 sort son premier album intitulé *Parce qu'on vient de loin*. En 2003, il commence sa tournée européenne en France et donne de nombreux concerts à Paris, à Marseille, à Lyon et à Bordeaux. En novembre de l'année suivante, le public québécois le choisit comme « interprète masculin de l'année » et il remporte deux Félix, prix prestigieux au Québec. Cette même année, il obtient la nationalité canadienne. Fin 2005, il sort un deuxième album qui s'intitule *Les marchands de rêves*. La même année, il participe à des concerts caritatifs, notamment à « Africa Live » pour combattre le paludisme ; en 2006, il prend part à « Fightaidsmonaco » pour venir en aide aux malades du sida. Il devient le porte-parole de la Croix-Rouge canadienne dans sa lutte contre l'utilisation des enfants comme soldats. Il est également nommé ambassadeur de l'Unicef pour la campagne « Unissons-nous pour les enfants, contre le sida ». Le 9 septembre 2006, il épouse Sofia de Medeiros, qui poursuit une carrière de mannequin et de comédienne. À la demande de Corneille, *Paris Match* a versé à l'Unicef les droits d'exclusivité des photos de son mariage.

Lisez le texte, puis répondez aux questions.

1. Où Corneille est-il né ?
2. En quelle année Corneille décide-t-il de poursuivre ses études à Montréal ?
3. En quelle année se fait-il remarquer à La Rochelle ?
4. Quand a-t-il obtenu sa nationalité canadienne ?
5. Citez deux organisations internationales qu'il soutient.
6. Quand a-t-il remporté des Félix ?
7. Quelle est la profession de son épouse ?
8. En quelle année a-t-il donné un concert caritatif pour lutter contre le paludisme ?
9. À qui ont été versés les droits d'exclusivité des photos de son mariage ?

Les artistes engagés

Répondez aux questions suivantes.

1. Connaissez-vous des artistes qui essaient d'attirer l'attention des citoyens, des médias et des décideurs sur le gaspillage d'énergie, les émissions de gaz à effet de serre ?
2. Certains artistes militent en faveur des plus démunis ou pour une grande cause. Ils organisent de grands concerts gratuitement. Pouvez-vous nommer quelques-uns de ces artistes ?

Le **Cirque du Soleil**

Sophie et sa sœur Virginie ont eu une petite dispute à propos des fondateurs du Cirque du Soleil. Leur frère qui a tout entendu explique à leurs parents ce qui s'est passé :

« Sophie a demandé à Virginie si le spectacle était bien et si elle était assise près de la scène. Puis elle lui a demandé si elle avait vu Guy Gauthier et Daniel Laliberté. Virginie s'est mise à rire et a dit à Sophie qu'elle ferait mieux de vérifier le nom des fondateurs du Cirque du Soleil au lieu de dire des bêtises. Sophie a répondu qu'elle était sûre de connaître leurs noms et qu'elle n'avait pas de temps à perdre. Virginie a dit que Sophie n'était pas bonne en histoire et qu'elle confondait souvent les noms et les prénoms des personnes. Elle a précisé à sa sœur que les fondateurs du Cirque du Soleil s'appelaient Guy Laliberté et Daniel Gauthier et que c'était en 1984 qu'ils avaient fondé la compagnie. Sophie a reconnu que Virginie avait raison, mais qu'elle ne devrait pas lui parler sur ce ton. Virginie a dit à sa sœur de se taire et d'aller faire ses devoirs. »

Lisez le texte, puis répondez aux questions.

1. De quoi parlent Sophie et sa sœur ?
2. Qui rapporte la dispute ?
3. À qui est adressé ce texte ?
4. Qui sont Daniel Gauthier et Guy Laliberté ?
5. Quelle est l'erreur de Sophie ?
6. Quand le Cirque du Soleil a-t-il été créé ?

APPRENEZ DE NOUVEAUX MOTS

❭ LE MONDE DES ARTS

	Noms	Verbes et expressions
Le monde de la musique	les paroles un chanteur / une chanteuse un / une interprète un musicien / une musicienne une chanson une chorale une maison de disques	aller à un concert chanter de vive voix / en solo enregistrer mettre de la musique d'ambiance se joindre à un groupe sortir un album, un disque
Le monde du théâtre et de la danse	la chorégraphie le / la chorégraphe le metteur / la metteure en scène le public une pièce de théâtre	applaudir diriger interpréter un rôle jouer la comédie monter une pièce / un spectacle de danse remporter un prix
Le monde du cinéma	un / une cinéaste un comédien / une comédienne un / une critique un documentaire un réalisateur / une réalisatrice de film un sous-titre une caméra	être à l'affiche passer au cinéma réaliser un film sortir un film
Le monde de la peinture et du dessin	un / une artiste un chef-d'œuvre un / une peintre un tableau une exposition une œuvre	dessiner peindre sculpter
Le monde de la photographie	de la pellicule un appareil photo	faire des reportages prendre une photo
Le monde de l'écriture	la bande dessinée la nouvelle le roman un écrivain / une femme écrivain (une écrivaine au Canada)	diffuser écrire publier

1. Complétez les phrases à l'aide des mots présentés dans le tableau ci-contre.

1. Jacques Villeneuve, ex-pilote de F1, a décidé de ✳ un album.
2. L'exposition que j'ai vue réunit beaucoup de grands ✳ de la sculpture de la Renaissance.
3. Le dernier film d'Audrey Tautou (*Ensemble, c'est tout*) ✳ au Rex la semaine prochaine.
4. Youssou N'Dour, ✳ qui avait organisé un concert pour la libération de Nelson Mandela, ✳ un Grammy en 2005.
5. Le nouveau roman de cet ✳ est en vente depuis ce matin.

2. Classez les mots suivants dans la bonne colonne du tableau. Écrivez le mot seul, sans article.

Métier	Genre d'œuvre ou de spectacle	Objet	Lieu

1. un théâtre
2. un album
3. un concert
4. une scène
5. une coulisse
6. la salle
7. une comédie musicale
8. un documentaire
9. un cinéaste
10. un metteur en scène
11. un réalisateur
12. un comédien
13. un opéra
14. une danseuse

3. Reliez les verbes et les noms.

1. tourner
2. enregistrer
3. interpréter
4. réserver
5. écrire

a) une place
b) un film
c) un rôle
d) un scénario
e) une vidéo

4. Associez chaque début de phrase à la partie manquante.

1. Quand on parle du public, on parle
2. Quand le public est content,
3. Des films qui durent 3 heures,
4. Sur mon baladeur numérique,
5. Quand les spectateurs ne sont pas contents,

a) ils sifflent.
b) j'ai déjà stocké 100 chansons françaises.
c) des spectateurs.
d) il applaudit.
e) ça m'ennuie.

OBSERVEZ ET EMPLOYEZ LES STRUCTURES

⚑ L'EXPRESSION DE TEMPS

Observez.

> *Nous sommes partis en vacances le 25 juillet. **Ce jour-là**, nous nous sommes levés tôt. **La veille**, nous avions fait nos bagages et emmené notre chien chez la voisine. **Le lendemain**, dès notre arrivée, nous avons vécu la plus extraordinaire des aventures.*

• Par quelles dates pourriez-vous remplacer les mots en gras?

     a) Ce jour-là : ✷   b) La veille : ✷   c) Le lendemain : ✷

LES MARQUEURS TEMPORELS

Les expressions de temps, aussi appelées **marqueurs temporels**, aident à se situer dans le temps par rapport à :

• une date,

• des personnes,

• des actions.

Par rapport au présent	Par rapport au passé
aujourd'hui	ce jour-là
hier	la veille
avant-hier	l'avant-veille
demain	le lendemain / le jour suivant
après-demain	le surlendemain / deux jours plus tard
la semaine prochaine	la semaine d'après
le mois prochain	le mois d'après
dans deux jours	deux jours plus tard
l'année prochaine	l'année d'après

1.1 Complétez les phrases en ajoutant l'expression de temps appropriée.

> la veille   l'année d'après   demain   le lendemain   dans un an

1. C'est la dernière journée de classe. ✷ ce sera le premier jour des vacances.
2. Nous avons fini nos examens hier. ✷ nous avions étudié toute la nuit et nous étions très fatigués.
3. ✷, j'aurai fini mon stage en entreprise.
4. C'était le 20 juin. La fête devait commencer ✷, le 21 juin.
5. C'était en 1944. ✷, c'était la fin de la Seconde Guerre mondiale.

1.2 Écrivez la biographie de Corneille en utilisant des marqueurs temporels.

Repères biographiques sur Corneille

1977 – naissance en Allemagne

1994 – quitte le Rwanda pour l'Allemagne

1997 – quitte l'Allemagne pour le Canada

2002 – sortie de son premier album

2003 – tournée en France, succès

2004 – citoyenneté canadienne

2005 – sortie de son deuxième album, concerts pour des organisations caritatives

2006 – mariage

Corneille est né en Allemagne en 1977…

2 LE DISCOURS RAPPORTÉ INDIRECT

Observez.

> *Elle lui demande : « Veux-tu venir au concert ? »*
> *Elle lui demande si elle veut venir au concert.*

• Quels changements observez-vous dans les deux phrases ?

QU'EST-CE QUE LE DISCOURS RAPPORTÉ INDIRECT ?

• Le **discours rapporté indirect** consiste à rapporter les propos d'une personne en les intégrant au reste du texte. Il n'y a alors ni deux-points ni guillemets.

Elle lui demande : « Veux-tu venir au concert ? » (discours rapporté direct)

Elle lui demande si elle veut venir au concert. (discours rapporté indirect)

• Le discours rapporté indirect est souvent annoncé par un verbe introducteur. En voici quelques exemples :

– **dire, déclarer, affirmer, demander, annoncer, expliquer, ajouter + que + indicatif**

– **conseiller, recommander, demander + de + infinitif**

– **demander, proposer + que + subjonctif**

– **demander si / pourquoi / quand / où / comment (interrogation indirecte)**

■ Verbe introducteur au présent

Lorsque le verbe introducteur est au présent, il n'y a pas de changement de temps dans la subordonnée.

*Sophie **demande** à sa sœur : « Les invités **arrivent** à quelle heure ? »*

*Sophie **demande** à sa sœur à quelle heure les invités **arrivent**.*

■ Verbe introducteur au passé

Lorsque le verbe introducteur est au passé, il y a changement de temps dans la subordonnée.

Présent → imparfait	*Sophie a déclaré : «Ce concert **est** excellent. »* présent *Sophie a déclaré que ce concert **était** excellent.* imparfait
Passé composé → plus-que-parfait	*Sophie a expliqué : «J'**ai entendu** ce chanteur à la radio. »* passé composé *Sophie a expliqué qu'elle **avait entendu** ce chanteur à la radio.* plus-que-parfait
Imparfait → imparfait	*Sophie a dit : « Quand nous **étions** enfants, nous **allions** chaque année au festival Juste pour rire. »* imparfait imparfait *Sophie a dit que quand nous **étions** enfants, nous **allions** chaque année au festival Juste pour rire.* imparfait imparfait
Futur simple → conditionnel présent	*Sophie a affirmé : « Il **faudra** repeindre la maison. »* futur simple *Sophie a affirmé qu'il **faudrait** repeindre la maison.* conditionnel présent
Futur antérieur → conditionnel passé	*Sophie a déclaré : « J'**aurai terminé** bientôt. »* futur antérieur *Sophie a déclaré qu'elle **aurait terminé** bientôt.* conditionnel passé

2.1 Transformez les questions et commentaires (discours direct) en discours indirect comme dans l'exemple. Mettez le verbe introducteur au présent. Respectez la concordance des temps.

« Qu'est-ce qui vous intéresse le plus dans la vie ? »
*Elle lui demande **ce qui l'intéresse** le plus dans la vie.*

1. « Que représente la musique pour vous ? »
   Elle lui demande ✳.
2. « Comment avez-vous commencé à chanter ? »
   Elle veut savoir ✳.
3. « L'année dernière, vos chansons ont été les plus téléchargées. Qu'en pensez-vous ? »
   Elle remarque ✳ et lui demande ✳.
4. « Parlez-nous de votre famille. »
   Elle lui dit ✳.
5. « Quel style de musique aimiez-vous quand vous étiez enfant ? »
   Elle lui demande ✳.
6. « Où irez-vous pour votre prochain concert ? »
   Elle lui demande ✳.

2.2 Transformez le texte suivant au discours indirect.

– Bonjour Patricia. Tu vas bien ?

– Oui, très bien, merci. Écoute François, je ne pourrai pas venir au spectacle ce soir. Il y a eu une urgence dans ma famille et je dois partir. Prends mon ticket et donne-le à qui tu veux. J'ai également besoin que tu viennes chez moi pendant les prochains jours pour donner à manger à mon chat. Je ne sais pas quand je reviens.

Patricia téléphone à François et lui raconte…

❸ LES INDÉFINIS

Observez.

> *Aucun de mes amis ne parle français.*
> *J'ai vu tous les films de Cocteau.*
> *Certains jours, je suis très fatigué.*

• Lequel des termes en gras représente une quantité zéro, une totalité, une partie ?

L'EMPLOI DES INDÉFINIS

• Les indéfinis expriment en général une quantité :

– la **quantité zéro** (aucun des éléments du groupe) : **aucun, personne et rien.**
Aucun d'entre vous n'est d'accord.   *Personne n'est venu.*   *Je ne comprends rien.*

– la **totalité** (tous les éléments du groupe) : **tout, tous, toute, toutes.**
Tout est clair.   *J'ai lu tous les livres de Sartre.*   *J'y vais toutes les semaines.*

– la **singularité** (une partie des éléments d'un groupe ou chaque élément du groupe) : **quelqu'un, quelque chose, certains, plusieurs, quelques-uns, chacun, chaque.**
Il y a plusieurs étudiants étrangers dans la classe.   *J'ai lu quelques livres ce mois-ci.*
Des films, nous en avons vu quelques-uns.

Adjectifs indéfinis	Pronoms indéfinis
aucun / aucune	aucun / aucune
autre(s)	autre(s)
	beaucoup
certain(s) / certaine(s)	certains / certaines
chaque	chacun / chacune
	personne
quelque(s)	quelqu'un / quelques-uns / quelques-unes
plusieurs	plusieurs
	rien
tout / toute, tous / toutes	tout, tous / toutes

Attention : Le pronom remplace le nom et l'adjectif accompagne le nom.
Certains spectacles sont meilleurs que d'autres.
Certains pensent le contraire.

3.1 Complétez les phrases avec les adjectifs indéfinis **tout**, **toute**, **tous**, **toutes** ou **chaque**.

1. ✳ les concerts que j'ai entendus récemment étaient excellents.
2. J'ai navigué sur Internet ✳ la journée.
3. ✳ matin, je fais de la gymnastique.
4. Vous avez lu ✳ l'annuaire?
5. Nous partons en croisière ✳ les ans.
6. ✳ les fois qu'il m'a appelée, j'étais sortie.
7. Je dois manger ✳ les deux heures.
8. Elles ont ✳ les deux eu la même note. Bizarre, non?

3.2 Complétez les phrases avec les pronoms et adjectifs indéfinis suivants. Faites les accords nécessaires.

quelques	certain	quelque chose	tout	aucun	plusieurs	d'autres

✳ jours, je suis fatigué, dès le matin. Je fais ✳ pas dans le parc autour de la maison pendant ✳ minutes. ✳ jours, au contraire, je suis en pleine forme. Je n'ai ✳ idée de ce qui m'arrive. ✳ fois, je me demande si je ne devrais pas ✳ arrêter : le travail, les études et même les sorties tard le soir avec mes amis. ✳ ne va pas, c'est certain.

4 LES PRONOMS RELATIFS COMPOSÉS

Observez.

> Le livre **auquel** je pense est en vente.
> Voilà le porte-bonheur sans **lequel** je ne sors jamais.

• Transformez les phrases en créant deux phrases simples. Que remarquez-vous?

L'EMPLOI DES PRONOMS RELATIFS COMPOSÉS

• **Lequel**, **laquelle**, **lesquels** et **lesquelles** sont des pronoms relatifs composés. Ils remplacent en général des choses et sont utilisés après une préposition (**dans**, **sur**, **avec**, **pour**, **sous**…).
> Le piano **sur lequel** il joue est très beau.
> La pièce de théâtre **pour laquelle** il répète débute la semaine prochaine.

Attention : S'il s'agit d'une personne, on utilise en général le pronom relatif **qui**.
> La personne avec **qui** tu parlais est journaliste.

• Après la préposition **à**, **lequel** et ses dérivés deviennent **auquel**, **à laquelle**, **auxquels** et **auxquelles**.
> Le film **auquel** je pense vient de sortir. (à lequel → auquel)
> J'ai lu la critique **à laquelle** tu fais allusion.

4.1 Repérez les pronoms relatifs (simples et composés) et leurs antécédents dans le paragraphe suivant.

Nous avions convenu de nous retrouver à l'entrée du magasin qui se trouvait juste en face du musée que nous voulions visiter. L'exposition dont parlaient tous les journaux attirait beaucoup de visiteurs. Fabien m'avait dit qu'il fallait absolument que je vienne. Le programme auquel j'avais pensé pour cet après-midi-là était bien différent mais je me suis laissé influencer.

En m'approchant du lieu de rendez-vous, je me suis rendu compte que les rumeurs que j'avais entendues étaient fondées. Le musée vers lequel je me dirigeais était assiégé par une foule multicolore qui attendait son tour pour jeter un coup d'œil aux œuvres des maîtres : Monet, Renoir, Picasso, Pissarro, quelques-uns des artistes auxquels l'article faisait allusion étaient tous réunis dans ce petit musée de campagne.

4.2 Complétez les phrases avec le pronom relatif composé qui convient en utilisant la préposition entre parenthèses.

1. J'ai retrouvé la maison ✳ ma mère a passé son enfance. (dans)
2. Il y a deux choses ✳ il ne faut pas renoncer : la famille et les amis. (à)
3. Les projets ✳ je travaille me prennent un temps énorme. (sur)
4. J'ai pris mon portable ✳ je ne sors jamais. (sans)
5. La raison ✳ il s'est absenté est douteuse. (pour)

4.3 Complétez les phrases à l'aide des pronoms relatifs suivants.

laquelle	lesquels	lesquelles	auquel	à laquelle
auxquels	qui	que	où	dont

1. La conférence à ✳ j'ai assisté était très intéressante.
2. La table sur ✳ se trouve le téléphone est dans l'entrée.
3. Le film ✳ il s'agit vient de sortir sur les écrans.
4. Ce concert ✳ est en plein air attire toujours un grand public.
5. C'est ce livre ✳ je pense.
6. La ville ✳ j'habite était la ville de Voltaire.

DÉCOUVREZ...

Les arts

Picasso et l'Afrique

L'exposition *Picasso et l'Afrique* qui a eu lieu du 10 février au 19 mars 2006 a mis en évidence les liens entretenus par le maître avec l'art primitif africain. Une soixantaine d'œuvres (peintures, dessins, sculptures) réalisées par le géant ont été présentées à Johannesburg, en Afrique du Sud. C'était la première fois que des tableaux de Picasso étaient exposés dans un musée africain. « Notre idée n'était pas d'envoyer Picasso en Afrique comme un monstre de foire, commente Laurence Madeline. Nous avons voulu créer un dialogue avec un continent où Picasso n'est jamais allé, mais qui a eu un impact important sur sa créativité. L'art africain transparaît dans une centaine de ses créations. »

■ Projet de recherche : l'œuvre de Picasso

1. Rédigez une courte biographie de Picasso et présentez quelques-unes de ses principales œuvres.
2. Choisissez un tableau de Picasso et un masque africain et essayez de montrer comment l'art africain a influencé l'artiste. Utilisez les termes **formes géométriques**, **carrés**, **triangles**, **cercles** et **cubes** dans votre texte.
3. À votre avis, pourquoi l'artiste a-t-il changé de style ?
4. Écrivez un commentaire personnel. Quel type d'art aimez-vous ?

Le musée virtuel du Gabon

Le Gabon, premier pays au monde à ouvrir sur Internet son Musée virtuel des arts et traditions.

Inauguré le 30 novembre 2006 dans les locaux de l'Unesco, ce musée vous invite à découvrir, dans un univers en 3D et interactif, des vidéos ethnographiques totalement inédites et plus de 250 œuvres exceptionnelles.

Visitez le musée et partagez vos impressions avec vos camarades.
http://www.legabon.org/livre/

L'art dans la francophonie

◼ L'origine des artistes

À l'aide de la carte du monde, trouvez le pays ou la région d'origine des artistes ci-dessous.

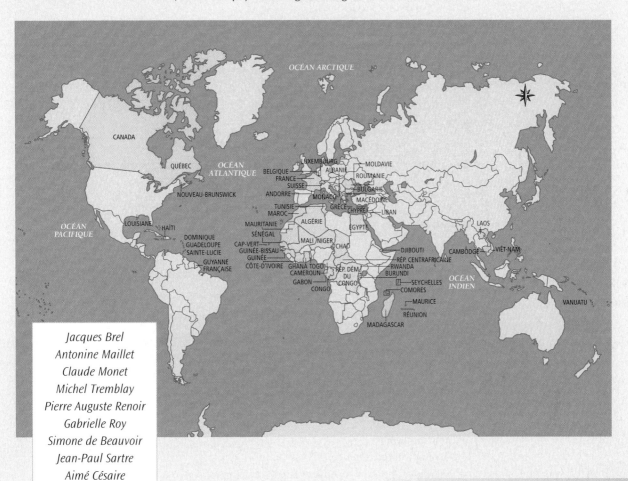

Jacques Brel

Antonine Maillet

Claude Monet

Michel Tremblay

Pierre Auguste Renoir

Gabrielle Roy

Simone de Beauvoir

Jean-Paul Sartre

Aimé Césaire

Léopold Sédar Senghor

Toulouse-Lautrec

Paul Verlaine

Zachary Richard

◼ Fiche d'artiste

Faites une recherche sur Internet et présentez en classe un des artistes ci-dessus en donnant les renseignements suivants.

1. Prénom / Nom
2. Nom d'artiste
3. Nationalité
4. Lieu de résidence
5. Création(s) connue(s)
6. Prix obtenus
7. Œuvres préférées du public
8. Particularités

Artiste américain, Zachary Richard est un des représentants les plus célèbres de la musique cajun jouée par les francophones de la Louisiane.

ÉCOUTEZ

❭ LES DOMAINES DE L'ART

 1. Écoutez, puis répondez aux questions.

1. Relevez les métiers de l'art.

2. Associez l'outil à l'artiste.
   - a) L'écrivain
   - b) Le cinéaste
   - c) Le photographe
   - d) Le peintre
   - e) Le chanteur

3. Réécoutez et complétez le texte en ajoutant les mots manquants.
   On est ✳ par l'ambiance des concerts, ✳ par les tableaux, ✳ par les voix, ✳ par l'originalité et la beauté d'un bâtiment et ✳ par les images de reportage.

La musique

 2. Écoutez et faites l'exercice.
Interview à la sortie d'un concert d'Amadou et Mariam, couple aveugle malien

1. Indiquez les mots que vous entendez.

disque	chanson	voix	musiciens
art	concert	jouer	scène
chanteuse	public	guitare	applaudir
paroles	instrument	spectacle	ambiance
interprète	enregistrer		

2. Quelles expressions entendez-vous ? Cochez les bonnes réponses.
   - a) C'était émouvant !   ☐
   - b) C'était un concert superbe !   ☐
   - c) C'est une musique ennuyeuse et dépaysante à la fois.   ☐
   - d) La musique était plaisante.   ☐
   - e) C'était génial !   ☐
   - f) Vraiment, rien à redire !   ☐
   - g) Tout m'a séduit !   ☐

Les chanteurs Amadou et Mariam produisent leurs spectacles dans de nombreux pays.

❭ APPRÉCIER UNE ŒUVRE ARTISTIQUE

Appréciation négative	Appréciation positive
C'est sans intérêt ! / Cela n'a aucun intérêt !	Ça m'intéresse. / C'est intéressant.
Ça m'ennuie. / C'est ennuyant. / C'est ennuyeux.	Ça me passionne. / C'est passionnant.
Ça me perturbe. / C'est perturbant.	Ça m'a beaucoup plu.
Ça me choque. / C'est choquant.	Ça me plaît. / C'est plaisant.
Ça m'a déçu. / C'est décevant.	Ça m'a ébloui. / C'est éblouissant !
Ça m'énerve. / C'est énervant.	C'est agréable.
Ça me dérange. / C'est dérangeant.	Disons, c'est pas mal.
Ça m'agace. / C'est agaçant.	C'est assez original.
Ce n'est pas mon genre.	+ adverbes : un peu, beaucoup, très, vraiment, assez
Alors ça, c'est nul.	
Ce n'était pas très bien / tellement bien / extraordinaire.	J'ai trouvé ça superbe / magnifique / formidable / génial.
Je n'ai pas beaucoup aimé.	

Remarque : C'est peut se mettre à l'imparfait.
C'était génial.

Le cinéma

 52   **3. Écoutez, puis répondez aux questions.**

1. Que dit-on des acteurs ? du film ? de Piaf ?
2. Où se passe l'action du film ?
3. Quel était le surnom de Piaf ?

Édith Piaf est une figure légendaire de la chanson française.

La BD

52 53   **4. Écoutez, puis répondez aux questions.**

1. Vrai ou faux ?
   a) Le professeur présente un bédéiste qui s'appelle André-Philippe Choqué.
   b) Ce caricaturiste travaille pour le compte du journal *Le Soleil* depuis 1972.
   c) Il ne fait que de la bande dessinée humoristique.
   d) Il est connu non seulement au Québec mais aussi en Europe.
   e) Il est le père du personnage Dr Smog.

2. Écoutez de nouveau l'enregistrement et relevez :
   a) les pronoms relatifs
   b) le ou les pronoms démonstratifs
   c) les quatre domaines des arts cités
   d) le titre de la publication

PRONONCEZ

❯ LA CONSONNE NASALE [ɲ]

La graphie **gn** se prononce en mettant le dos de la langue contre le palais.
*monta**gn**e ga**gn**er mi**gn**on*

 54   **1. Écoutez et répétez.**

    1. C'est ma**gn**ifique !
    2. Elle est mi**gn**onne, cette actrice !
    3. Van Gogh n'a pas ga**gn**é beaucoup d'argent au cours de son existence.
    4. L'histoire se déroule dans les monta**gn**es Rocheuses dans les années trente.
    5. Mesdames et messieurs, voici les ga**gn**ants.

❯ LES LIAISONS FACULTATIVES

La liaison se fait entre la consonne finale et la voyelle ou le **h** aspiré du mot qui suit.
Les liaisons sont facultatives après :

- le verbe ;   *Ils sont hostiles.*
- l'expression **c'est** ;   *C'est une belle histoire.*
- le pronom relatif **dont** ;   *Voici la maison dont il rêve.*
- l'auxiliaire **avoir** ou **être** suivi du participe passé.   *Ils ont eu.*

piste 55   **2. Écoutez puis indiquez si vous entendez ou non la liaison.**

    1. Pendant un long séjour à Venise, j'ai pu apprendre l'italien.
    2. C'est incroyable !
    3. C'est la carrière dont il rêve.
    4. Certains ne lui diront pas la vérité, d'autres oseront.
    5. Tous ont aimé la pièce.
    6. Les comédiens ont une représentation ce soir.
    7. C'est extrêmement ennuyeux !
    8. Tout est possible quand on y croit !

piste 56   **3. Avec un partenaire, complétez la phrase, puis écoutez l'enregistrement pour vérifier vos réponses.**

    1. Il y avait une ambiance (festif) ✱.
    2. C'est une musique (entraînant) ✱.
    3. Quelle atmosphère (envoûtant) ✱.
    4. Il y a des couleurs (vif) ✱ dans ces peintures.
    5. Ils ont joué leurs plus (beau) ✱ chansons.

    6. C'est une création particulièrement (intéressant) ✱.
    7. Je n'ai pas aimé les images (choquant) ✱ de cette exposition.
    8. Fête (réjouissant) ✱ au village malien !

piste 57   **4. Transformez les phrases comme dans l'exemple ci-dessous, puis écoutez l'enregistrement pour vérifier vos réponses.**

Ça m'intéresse !   C'est intéressant !

    1. Ça me perturbe.
    2. Ça me passionne.
    3. Ça me choque.

    4. Ça m'énerve.
    5. Ça m'agace.

piste 58

5. Remplacez les mots en couleur par les mots au féminin entre parenthèses, lisez les phrases à haute voix, puis écoutez l'enregistrement pour vérifier vos réponses.

1. Certains **films** américains sont tournés à Marseille. (comédies)
2. J'aime tous les **chanteurs** français des années quatre-vingt. (chansons)
3. Certains **étudiants** ne lisent jamais de livres. (étudiantes)
4. En juillet, tous les **concerts** sont gratuits. (pièces de théâtre)
5. Dans ce film, certains **acteurs** sont vraiment nuls. (actrices)

 piste 59

6. Répondez en utilisant la construction avec un ou deux pronoms selon le cas. Écoutez l'enregistrement pour vérifier vos réponses.

1. Alice, tu veux accompagner ta sœur à l'école ? (non)
2. Mathis, est-ce que les parents de ton copain Sébastien lui donnent de l'argent de poche ? (évidemment)
3. Maman, tu peux me prêter la voiture ce soir ? (non)
4. Mathis, comme tu as un nouveau vélo, tu peux donner l'ancien à ta sœur. (naturellement)
5. Alice, as-tu invité ta cousine à ton anniversaire ? (non pas encore)

piste 60

7. Amusez-vous avec la langue. Lisez ces phrases, puis écoutez l'enregistrement.

1. La consonne [kʀ] : Le criquet de la crique crie son cri cru et critique, car il craint que l'escroc ne le craque et ne le croque.
2. La consonne [t] : Tata, ton thé t'a-t-il ôté ta toux ?
3. La consonne [d] : Didon dîna dit-on du dos d'un dodu dindon.
4. La consonne [ʃ] : Les chemises de l'archiduchesse sont-elles sèches ou archi-sèches ?

La toile *L'étranger*, de Jean-Paul Lemieux,
peintre québécois

ÉCHANGEZ

1 LES EXPRESSIONS D'APPRÉCIATION

1.1 Appréciez une œuvre artistique. Préparez des mini-dialogues en utilisant les expressions d'appréciation positives et négatives présentées à la page 149, puis jouez-les avec un partenaire.

– *La musique baroque? Je ne supporte pas ça. Et toi?*
– *Moi non plus, je trouve que c'est sans intérêt.*

– *Aller à l'opéra, ça m'ennuie vraiment. Je n'ai pas été formé à ce genre de musique.*
– *Moi, au contraire, ça me plaît beaucoup, l'opéra.*

1. voir un film d'horreur
2. aller à une exposition de peinture
3. aller à un concert rock
4. écouter de la musique classique
5. lire un roman policier
6. lire une bande dessinée

2 POUR DÉCRIRE ET APPRÉCIER DES IMAGES

Commencer une présentation	Cette photo représente…
	Il s'agit d'un portrait, d'un paysage, d'une scène de famille…
	Cette photo me rappelle / me fait penser à…
	On voit… / On remarque…
	Sur ce cliché, il y a…
	Cette photo a été prise…
Parler des formes	Des lignes verticales, perpendiculaires, circulaires, parallèles, horizontales, obliques
	Le cercle, le carré, le rectangle
	La forme ovale, carrée, rectangulaire
Parler du plan	Au premier plan, au centre, à l'arrière-plan
	Le gros plan, l'horizon, la ligne d'horizon
	Le cadrage
Parler des jeux de lumière	Naturel, sans éclat, lumineux, contrasté, sombre
	Le rouge contraste avec…
	La lumière est contrastée.
Apprécier, interpréter l'image	Ce cliché évoque / illustre / fait référence à / symbolise…
	Il se dégage de cette photo une impression / atmosphère de…
	Cela donne l'impression de…
	C'est une image réussie, comique, amusante, obscure, curieuse…
	Les lignes verticales créent un effet de…

2.1 **Apportez une photo de votre album personnel (photo de famille, de vacances, de nature…) et utilisez les expresssions du tableau de la page précédente et du module pour la présenter à quelques étudiants.**

2.2 **Décrivez chacune de ces œuvres architecturales.**

La pyramide
du Louvre à Paris

Le Musée
canadien des
civilisations à Hull

L'Atomium
à Bruxelles

RÉDIGEZ

❭ S'AMUSER AVEC LA LANGUE : LE PASTICHE

Le **pastiche** est une manière amusante de créer un texte en imitant les procédés de style d'un écrivain. Le pastiche permet de mettre en scène des mots à la manière d'un poète, d'un parolier, d'un écrivain ou d'un dramaturge. Le but est d'apprendre des grands maîtres tout en laissant libre cours à sa créativité. Les images, les associations d'idées vous appartiennent.

▨ Le pastiche

Le pastiche ci-dessous a été produit en reprenant les éléments en gras (répétition des structures grammaticales) d'une fable connue et en laissant aller son imagination.

Texte original	Pastiche
La cigale et la fourmi	**La cigale et la fourmi**
La cigale, ayant **chanté**	La cigale, ayant dansé
Tout **l'été**,	Tout le trimestre,
Se trouva fort dépourvue	Se trouva fort dépourvue
Quand **la bise** fut venue.	Quand le test fut venu.
Pas un seul **petit morceau**	Pas une seule révision de texte
De mouche ou de vermisseau.	Ou de conjugaison.
Elle alla crier **famine**	Elle alla crier au secours
Chez **la fourmi sa voisine**,	Chez son prof son gourou,
La priant de lui **prêter**	La / le priant de lui expliquer
Quelque grain pour subsister	Quelques leçons pour réussir

Jean de La Fontaine

1. À votre tour, écrivez un pastiche à partir de cette fable.

2. Lisez le poème suivant et composez un poème similaire.

Reprenez les éléments en gras (répétition de structure) et laissez aller votre imagination
pour produire un poème similaire de quatre strophes sur l'un des thèmes suivants : mon pays,
mon ami, mon enfant.

Liberté

Sur la jungle et le désert
Sur les nids et les genêts
Sur l'écho de mon enfance
J'écris ton nom

[…]

Sur la mousse des nuages
Sur les sueurs de l'orage
Sur la pluie épaisse et fade
J'écris ton nom

[…]

Sur la vitre des surprises
Sur les lèvres attentives
Bien au-dessus du silence
J'écris ton nom

[…]

Et par le pouvoir d'un mot
Je recommence ma vie
Je suis né pour te connaître
Pour te nommer

Paul ÉLUARD

3. Écrivez un commentaire critique sur une chanson francophone choisie parmi les titres ci-dessous.

– *Les comédiens*, de Charles Aznavour
– *La fête au village*, d'Amadou et Mariam
– *J'ai deux amours*, de Joséphine Baker
– *La rade*, de Yann Tiersen
– *Fanny Ardant*, de Vincent Delerm
– *Mon pays*, de Faudel
– *Quelqu'un m'a dit*, de Carla Bruni
– *Tout*, de Lara Fabian
– *Couleur café*, de Serge Gainsbourg
– *La forêt des mal-aimés*, de Pierre Lapointe

4. Choisissez une personnalité du monde artistique ou littéraire de la francophonie et dites par écrit ce que vous en pensez.

RAPPEL GRAMMATICAL

❭ LA PLACE DES PRONOMS COMPLÉMENTS DANS LA PHRASE

Quand il y a plusieurs pronoms compléments dans la même phrase, on les place dans l'ordre suivant :

1	2	3	4	5
me	le	lui	y	en
te	la	leur		
se	l'			
nous	les			
vous				

Elle donne le livre à sa mère.
*Elle **le lui** donne.*

Nous avons posé vos livres sur l'étagère.
*Nous **les y** avons posés.*

> **Attention :** Dans les temps composés, quand le verbe est conjugué avec l'auxiliaire **avoir**, le participe passé s'accorde avec le pronom objet direct quand il est placé **devant** le verbe.
>
> *Ces familles, nous **les** avions conn**ues** avant leur déménagement.*
> *Si vous aviez connu ma mère, vous **l'**auriez beaucoup aim**ée**.*

Conjugaisons

conjugaisons

Être

Infinitif	Présent	Impératif	Participe	Passé composé	Imparfait	Futur	Conditionnel	Subjonctif
Être	je suis tu es il/elle/on est nous sommes vous êtes ils/elles sont	sois soyons soyez	**Présent** étant **Passé** été	j'ai été tu as été il/elle/on a été nous avons été vous avez été ils/elles ont été	j'étais tu étais il/elle/on était nous étions vous étiez ils/elles étaient	je serai tu seras il/elle/on sera nous serons vous serez ils/elles seront	je serais tu serais il/elle/on serait nous serions vous seriez ils/elles seraient	que je sois que tu sois qu'il/elle/on soit que nous soyons que vous soyez qu'ils/elles soient

Avoir

Infinitif	Présent	Impératif	Participe	Passé composé	Imparfait	Futur	Conditionnel	Subjonctif
Avoir	j'ai tu as il/elle/on a nous avons vous avez ils/elles ont	aie ayons ayez	**Présent** ayant **Passé** eu/eue	j'ai eu tu as eu il/elle/on a eu nous avons eu vous avez eu ils/elles ont eu	j'avais tu avais il/elle/on avait nous avions vous aviez ils/elles avaient	j'aurai tu auras il/elle/on aura nous aurons vous aurez ils/elles auront	j'aurais tu aurais il/elle/on aurait nous aurions vous auriez ils/elles auraient	que j'aie que tu aies qu'il/elle/on ait que nous ayons que vous ayez qu'ils/elles aient

Aimer

Infinitif	Présent	Impératif	Participe	Passé composé	Imparfait	Futur	Conditionnel	Subjonctif
Aimer	j'aime tu aimes il/elle/on aime nous aimons vous aimez ils/elles aiment	aime aimons aimez	**Présent** aimant **Passé** aimé/aimée	j'ai aimé tu as aimé il/elle/on a aimé nous avons aimé vous avez aimé ils/elles ont aimé	j'aimais tu aimais il/elle/on aimait nous aimions vous aimiez ils/elles aimaient	j'aimerai tu aimeras il/elle/on aimera nous aimerons vous aimerez ils/elles aimeront	j'aimerais tu aimerais il/elle/on aimerait nous aimerions vous aimeriez ils/elles aimeraient	que j'aime que tu aimes qu'il/elle/on aime que nous aimions que vous aimiez qu'ils/elles aiment

Finir

Infinitif	Présent	Impératif	Participe	Passé composé	Imparfait	Futur	Conditionnel	Subjonctif
Finir	je finis tu finis il/elle/on finit nous finissons vous finissez ils/elles finissent	finis finissons finissez	**Présent** finissant **Passé** fini/finie	j'ai fini tu as fini il/elle/on a fini nous avons fini vous avez fini ils/elles ont fini	je finissais tu finissais il/elle/on finissait nous finissions vous finissiez ils/elles finissaient	je finirai tu finiras il/elle/on finira nous finirons vous finirez ils/elles finiront	je finirais tu finirais il/elle/on finirait nous finirions vous finiriez ils/elles finiraient	que je finisse que tu finisses qu'il/elle/on finisse que nous finissions que vous finissiez qu'ils finissent

Aller

Infinitif	Présent	Impératif	Participe	Passé composé	Imparfait	Futur	Conditionnel	Subjonctif
Aller	je vais tu vas il/elle/on va nous allons vous allez ils/elles vont	va allons allez	**Présent** allant **Passé** allé/allée	je suis allé/allée tu es allé/allée il/elle/on est allé(s)/allée(s) nous sommes allés/allées vous êtes allés(s)/allée(s) ils/elles sont allés/allées	j'allais tu allais il/elle/on allait nous allions vous alliez ils/elles allaient	j'irai tu iras il/elle/on ira nous irons vous irez ils/elles iront	j'irais tu irais il/elle/on irait nous irions vous iriez ils/elles iraient	que j'aille que tu ailles qu'il/elle/on aille que nous allions que vous alliez qu'ils/elles aillent

Conduire

Infinitif	Présent	Impératif	Participe	Passé composé	Imparfait	Futur	Conditionnel	Subjonctif
Conduire	je conduis tu conduis il/elle/on conduit nous conduisons vous conduisez ils/elles conduisent	conduis conduisons conduisez	**Présent** conduisant **Passé** conduit/conduite	j'ai conduit tu as conduit il/elle/on a conduit nous avons conduit vous avez conduit ils/elles ont conduit	je conduisais tu conduisais il/elle/on conduisait nous conduisions vous conduisiez ils/elles conduisaient	je conduirai tu conduiras il/elle/on conduira nous conduirons vous conduirez ils/elles conduiront	je conduirais tu conduirais il/elle/on conduirait nous conduirions vous conduiriez ils/elles conduiraient	que je conduise que tu conduises qu'il/elle/on conduise que nous conduisions que vous conduisiez qu'ils/elles conduisent

Infinitif	Présent	Impératif	Participe	Passé composé	Imparfait	Futur	Conditionnel	Subjonctif
Connaître	je connais tu connais il/elle/on connaît nous connaissons vous connaissez ils/elles connaissent	connais connaissons connaissez	**Présent** connaissant **Passé** connu/connue	j'ai connu tu as connu il/elle/on a connu nous avons connu vous avez connu ils/elles ont connu	je connaissais tu connaissais il/elle/on connaissait nous connaissions vous connaissiez ils/elles connaissaient	je connaîtrai tu connaîtras il/elle/on connaîtra nous connaîtrons vous connaîtrez ils/elles connaîtront	je connaîtrais tu connaîtrais il/elle/on connaîtrait nous connaîtrions vous connaîtriez ils/elles connaîtraient	que je connaisse que tu connaisses qu'il/elle/on connaisse que nous connaissions que vous connaissiez qu'ils/elles connaissent
Convaincre	je convaincs tu convaincs il/elle/on convainc nous convainquons vous convainquez ils/elles convainquent	convaincs convainquons convainquez	**Présent** convainquant **Passé** convaincu/convaincue	j'ai convaincu tu as convaincu il/elle/on a convaincu nous avons convaincu vous avez convaincu ils/elles ont convaincu	je convainquais tu convainquais il/elle/on convainquait nous convainquions vous convainquiez ils/elles convainquaient	je convaincrai tu convaincras il/elle/on convaincra nous convaincrons vous convaincrez ils/elles convaincront	je convaincrais tu convaincrais il/elle/on convaincrait nous convaincrions vous convaincriez ils/elles convaincraient	que je convainque que tu convainques qu'il/elle/on convainque que nous convainquions que vous convainquiez qu'ils/elles convainquent
Croire	je crois tu crois il/elle/on croit nous croyons vous croyez ils/elles croient	crois croyons croyez	**Présent** croyant **Passé** cru/crue	j'ai cru tu as cru il/elle/on a cru nous avons cru vous avez cru ils/elles ont cru	je croyais tu croyais il/elle/on croyait nous croyions vous croyiez ils/elles croyaient	je croirai tu croiras il/elle/on croira nous croirons vous croirez ils/elles croiront	je croirais tu croirais il/elle/on croirait nous croirions vous croiriez ils/elles croiraient	que je croie que tu croies qu'il/elle/on croie que nous croyions que vous croyiez qu'ils/elles croient
Cueillir	je cueille tu cueilles il/elle/on cueille nous cueillons vous cueillez ils/elles cueillent	cueille cueillons cueillez	**Présent** cueillant **Passé** cueilli/cueillie	j'ai cueilli tu as cueilli il/elle/on a cueilli nous avons cueilli vous avez cueilli ils/elles ont cueilli	je cueillais tu cueillais il/elle/on cueillait nous cueillions vous cueilliez ils/elles cueillaient	je cueillerai tu cueilleras il/elle/on cueillera nous cueillerons vous cueillerez ils/elles cueilleront	je cueillerais tu cueillerais il/elle/on cueillerait nous cueillerions vous cueilleriez ils/elles cueilleraient	que je cueille que tu cueilles qu'il/elle/on cueille que nous cueillions que vous cueilliez qu'ils/elles cueillent
Devoir	je dois tu dois il/elle/on doit nous devons vous devez ils/elles doivent	dois devons devez	**Présent** devant **Passé** dû/due	j'ai dû tu as dû il/elle/on a dû nous avons dû vous avez dû ils/elles ont dû	je devais tu devais il/elle/on devait nous devions vous deviez ils/elles devaient	je devrai tu devras il/elle/on devra nous devrons vous devrez ils/elles devront	je devrais tu devrais il/elle/on devrait nous devrions vous devriez ils/elles devraient	que je doive que tu doives qu'il/elle/on doive que nous devions que vous deviez qu'ils/elles doivent
Dire	je dis tu dis il/elle/on dit nous disons vous dites ils/elles disent	dis disons dites	**Présent** disant **Passé** dit/dite	j'ai dit tu as dit il/elle/on a dit nous avons dit vous avez dit ils/elles ont dit	je disais tu disais il/elle/on disait nous disions vous disiez ils/elles disaient	je dirai tu diras il/elle/on dira nous dirons vous direz ils/elles diront	je dirais tu dirais il/elle/on dirait nous dirions vous diriez ils/elles diraient	que je dise que tu dises qu'il/elle/on dise que nous disions que vous disiez qu'ils/elles disent

Infinitif	Présent	Impératif	Participe	Passé composé	Imparfait	Futur	Conditionnel	Subjonctif
Écrire	j'écris tu écris il/elle/on écrit nous écrivons vous écrivez ils/elles écrivent	écris écrivons écrivez	**Présent** écrivant **Passé** écrit/écrite	j'ai écrit tu as écrit il/elle/on a écrit nous avons écrit vous avez écrit ils/elles ont écrit	j'écrivais tu écrivais il/elle/on écrivait nous écrivions vous écriviez ils/elles écrivaient	j'écrirai tu écriras il/elle/on écrira nous écrirons vous écrirez ils/elles écriront	j'écrirais tu écrirais il/elle/on écrirait nous écririons vous écririez ils/elles écriraient	que j'écrive que tu écrives qu'il/elle/on écrive que nous écrivions que vous écriviez qu'ils/elles écrivent
Envoyer	j'envoie tu envoies il/elle/on envoie nous envoyons vous envoyez ils/elles envoient	envoie envoyons envoyez	**Présent** envoyant **Passé** envoyé/envoyée	j'ai envoyé tu as envoyé il/elle/on a envoyé nous avons envoyé vous avez envoyé ils/elles ont envoyé	j'envoyais tu envoyais il/elle/on envoyait nous envoyions vous envoyiez ils/elles envoyaient	j'enverrai tu enverras il/elle/on enverra nous enverrons vous enverrez ils/elles enverront	j'enverrais tu enverrais il/elle/on enverrait nous enverrions vous enverriez ils/elles enverraient	que j'envoie que tu envoies qu'il/elle/on envoie que nous envoyions que vous envoyiez qu'ils/elles envoient
Faire	je fais tu fais il/elle/on fait nous faisons vous faites ils/elles font	fais faisons faites	**Présent** faisant **Passé** fait/faite	j'ai fait tu as fait il/elle/on a fait nous avons fait vous avez fait ils/elles ont fait	je faisais tu faisais il/elle/on faisait nous faisions vous faisiez ils/elles faisaient	je ferai tu feras il/elle/on fera nous ferons vous ferez ils/elles feront	je ferais tu ferais il/elle/on ferait nous ferions vous feriez ils/elles feraient	que je fasse que tu fasses qu'il/elle/on fasse que nous fassions que vous fassiez qu'ils/elles fassent
Joindre	je joins tu joins il/elle/on joint nous joignons vous joignez ils/elles joignent	joins joignons joignez	**Présent** joignant **Passé** joint/jointe	j'ai joint tu as joint il/elle/on a joint nous avons joint vous avez joint ils/elles ont joint	je joignais tu joignais il/elle/on joignait nous joignions vous joigniez ils/elles joignaient	je joindrai tu joindras il/elle/on joindra nous joindrons vous joindrez ils/elles joindront	je joindrais tu joindrais il/elle/on joindrait nous joindrions vous joindriez ils/elles joindraient	que je joigne que tu joignes qu'il/elle/on joigne que nous joignions que vous joigniez qu'ils/elles joignent
Mettre	je mets tu mets il/elle/on met nous mettons vous mettez ils/elles mettent	mets mettons mettez	**Présent** mettant **Passé** mis/mise	j'ai mis tu as mis il/elle/on a mis nous avons mis vous avez mis ils/elles ont mis	je mettais tu mettais il/elle/on mettait nous mettions vous mettiez ils/elles mettaient	je mettrai tu mettras il/elle/on mettra nous mettrons vous mettrez ils/elles mettront	je mettrais tu mettrais il/elle/on mettrait nous mettrions vous mettriez ils/elles mettraient	que je mette que tu mettes qu'il/elle/on mette que nous mettions que vous mettiez qu'ils/elles mettent
Mourir	je meurs tu meurs il/elle/on meurt nous mourons vous mourez ils/elles meurent	meurs mourons mourez	**Présent** mourant **Passé** mort/morte	je suis mort/morte tu es mort(s)/morte il/elle/on est mort(s)/morte(s) nous sommes morts/mortes vous êtes mort(s)/morte(s) ils/elles sont morts/mortes	je mourais tu mourais il/elle/on mourait nous mourions vous mouriez ils/elles mouraient	je mourrai tu mourras il/elle/on mourra nous mourrons vous mourrez ils/elles mourront	je mourrais tu mourrais il/elle/on mourrait nous mourrions vous mourriez ils/elles mourraient	que je meure que tu meures qu'il/elle/on meure que nous mourions que vous mouriez qu'ils/elles meurent

Infinitif	Présent	Impératif	Participe	Passé composé	Imparfait	Futur	Conditionnel	Subjonctif
Naître	je nais tu nais il/elle/on naît nous naissons vous naissez ils/elles naissent	nais naissons naissez	**Présent** naissant **Passé** né/née	je suis né/née tu es né/née il/elle/on est né(s)/née(s) nous sommes nés/nées vous êtes né(s)/née(s) ils/elles sont nés/nées	je naissais tu naissais il/elle/on naissait nous naissions vous naissiez ils/elles naissaient	je naîtrai tu naîtras il/elle/on naîtra nous naîtrons vous naîtrez ils/elles naîtront	je naîtrais tu naîtras il/elle/on naîtrait nous naîtrions vous naîtriez ils/elles naîtraient	que je naisse que tu naisses qu'il/elle/on naisse que nous naissions que vous naissiez qu'ils/elles naissent
Partir	je pars tu pars il/elle/on part nous partons vous partez ils/elles partent	pars partons partez	**Présent** partant **Passé** parti/partie	je suis parti/partie tu es parti/partie il/elle/on est parti(s)/partie(s) nous sommes partis/parties vous êtes parti(s)/partie(s) ils/elles sont partis/parties	je partais tu partais il/elle/on partait nous partions vous partiez ils/elles partaient	je partirai tu partiras il/elle/on partira nous partirons vous partirez ils/elles partiront	je partirais tu partirais il/elle/on partirait nous partirions vous partiriez ils/elles partiraient	que je parte que tu partes qu'il/elle/on parte que nous partions que vous partiez qu'ils/elles partent
Peindre	je peins tu peins il/elle/on peint nous peignons vous peignez ils/elles peignent	peins peignons peignez	**Présent** peignant **Passé** peint/peinte	j'ai peint tu as peint il/elle/on a peint nous avons peint vous avez peint ils/elles ont peint	je peignais tu peignais il/elle/on peignait nous peignions vous peigniez ils/elles peignaient	je peindrai tu peindras il/elle/on peindra nous peindrons vous peindrez ils/elles peindront	je peindrais tu peindrais il/elle/on peindrait nous peindrions vous peindriez ils/elles peindraient	que je peigne que tu peignes qu'il/elle/on peigne que nous peignions que vous peigniez qu'ils/elles peignent
Plaire	je plais tu plais il/elle/on plaît nous plaisons vous plaisez ils/elles plaisent	plais plaisons plaisez	**Présent** plaisant **Passé** plu	j'ai plu tu as plu il/elle/on a plu nous avons plu vous avez plu ils/elles ont plu	je plaisais tu plaisais il/elle/on plaisait nous plaisions vous plaisiez ils/elles plaisaient	je plairai tu plairas il/elle/on plaira nous plairons vous plairez ils/elles plairont	je plairais tu plairais il/elle/on plairait nous plairions vous plairiez ils/elles plairaient	que je plaise que tu plaises qu'il/elle/on plaise que nous plaisions que vous plaisiez qu'ils/elles plaisent
Pleuvoir	il pleut	pas d'impératif	**Présent** pleuvant **Passé** plu	il a plu	il pleuvait	il pleuvra	il pleuvrait	qu'il pleuve
Pouvoir	je peux (ou je puis) tu peux il/elle/on peut nous pouvons vous pouvez ils/elles peuvent	pas d'impératif	**Présent** pouvant **Passé** pu	j'ai pu tu as pu il/elle/on a pu nous avons pu vous avez pu ils/elles ont pu	je pouvais tu pouvais il/elle/on pouvait nous pouvions vous pouviez ils/elles pouvaient	je pourrai tu pourras il/elle/on pourra nous pourrons vous pourrez ils/elles pourront	je pourrais tu pourrais il/elle/on pourrait nous pourrions vous pourriez ils/elles pourraient	que je puisse que tu puisses qu'il/elle/on puisse que nous puissions que vous puissiez qu'ils/elles puissent
Prendre	je prends tu prends il/elle/on prend nous prenons vous prenez ils/elles prennent	prends prenons prenez	**Présent** prenant **Passé** pris/prise	j'ai pris tu as pris il/elle/on a pris nous avons pris vous avez pris ils/elles ont pris	je prenais tu prenais il/elle/on prenait nous prenions vous preniez ils/elles prenaient	je prendrai tu prendras il/elle/on prendra nous prendrons vous prendrez ils/elles prendront	je prendrais tu prendrais il/elle/on prendrait nous prendrions vous prendriez ils/elles prendraient	que je prenne que tu prennes qu'il/elle/on prenne que nous prenions que vous preniez qu'ils/elles prennent

conjugaisons

Infinitif	Présent	Impératif	Participe	Passé composé	Imparfait	Futur	Conditionnel	Subjonctif
Savoir	je sais tu sais il/elle/on sait nous savons vous savez ils/elles savent	sache sachons sachez	**Présent** sachant **Passé** su/sue	j'ai su tu as su il/elle/on a su nous avons su vous avez su ils/elles ont su	je savais tu savais il/elle/on savait nous savions vous saviez ils/elles savaient	je saurai tu sauras il/elle/on saura nous saurons vous saurez ils/elles sauront	je saurais tu saurais il/elle/on saurait nous saurions vous sauriez ils/elles sauraient	que je sache que tu saches qu'il/elle/on sache que nous sachions que vous sachiez qu'ils/elles sachent
Suivre	je suis tu suis il/elle/on suit nous suivons vous suivez ils/elles suivent	suis suivons suivez	**Présent** suivant **Passé** suivi/suivie	j'ai suivi tu as suivi il/elle/on a suivi nous avons suivi vous avez suivi ils/elles ont suivi	je suivais tu suivais il/elle/on suivait nous suivions vous suiviez ils/elles suivaient	je suivrai tu suivras il/elle/on suivra nous suivrons vous suivrez ils/elles suivront	je suivrais tu suivrais il/elle/on suivrait nous suivrions vous suivriez ils/elles suivraient	que je suive que tu suives qu'il/elle/on suive que nous suivions que vous suiviez qu'ils/elles suivent
Venir	je viens tu viens il/elle/on vient nous venons vous venez ils/elles viennent	viens venons venez	**Présent** venant **Passé** venu/venue	je suis venu/venue tu es venu/venue il/elle/on est venu(s)/venue(s) nous sommes venus/venues vous êtes venu(s)/venue(s) ils/elles sont venus/venues	je venais tu venais il/elle/on venait nous venions vous veniez ils/elles venaient	je viendrai tu viendras il/elle/on viendra nous viendrons vous viendrez ils/elles viendront	je viendrais tu viendrais il/elle/on viendrait nous viendrions vous viendriez ils/elles viendraient	que je vienne que tu viennes qu'il/elle/on vienne que nous venions que vous veniez qu'ils/elles viennent
Vivre	je vis tu vis il/elle/on vit nous vivons vous vivez ils/elles vivent	vis vivons vivez	**Présent** vivant **Passé** vécu/vécue	j'ai vécu tu as vécu il/elle/on a vécu nous avons vécu vous avez vécu ils/elles ont vécu	je vivais tu vivais il/elle/on vivait nous vivions vous viviez ils/elles vivaient	je vivrai tu vivras il/elle/on vivra nous vivrons vous vivrez ils/elles vivront	je vivrais tu vivrais il/elle/on vivrait nous vivrions vous vivriez ils/elles vivraient	que je vive que tu vives qu'il/elle/on vive que nous vivions que vous viviez qu'ils/elles vivent
Voir	je vois tu vois il/elle/on voit nous voyons vous voyez ils/elles voient	vois voyons voyez	**Présent** voyant **Passé** vu/vue	j'ai vu tu as vu il/elle/on a vu nous avons vu vous avez vu ils/elles ont vu	je voyais tu voyais il/elle/on voyait nous voyions vous voyiez ils/elles voyaient	je verrai tu verras il/elle/on verra nous verrons vous verrez ils/elles verront	je verrais tu verrais il/elle/on verrait nous verrions vous verriez ils/elles verraient	que je voie que tu voies qu'il/elle/on voie que nous voyions que vous voyiez qu'ils/elles voient
Vouloir	je veux tu veux il/elle/on veut nous voulons vous voulez ils/elles veulent	veux (veuille) voulons voulez (veuillez)	**Présent** voulant **Passé** voulu/voulue	j'ai voulu tu as voulu il/elle/on a voulu nous avons voulu vous avez voulu ils/elles ont voulu	je voulais tu voulais il/elle/on voulait nous voulions vous vouliez ils/elles voulaient	je voudrai tu voudras il/elle/on voudra nous voudrons vous voudrez ils/elles voudront	je voudrais tu voudrais il/elle/on voudrait nous voudrions vous voudriez ils/elles voudraient	que je veuille que tu veuilles qu'il/elle/on veuille que nous voulions que vous vouliez qu'ils/elles veuillent

Lexique

A

à cause de, loc.

absenter (s'), v. pr.

absolument, adv.

accélérer (s'), v. pr.

accessoire, n. m.

accorder, v.

accusation, n. f.

accusé, n. m.

achat, n. m.

acheter en solde, loc.

acquittement, n. m.

acquitter, v.

actif / active, adj.

acupuncture, n. f.

admirable, adj.

adresser (s'), v. pr.

adroit / adroite, adj.

aéroport, n. m.

affaire, n. f.

affection, n. f.

afficher, v.

affirmer, v.

afin de / que, loc.

aggravation, n. f.

agriculteur / agricultrice, n. m. / f.

aiguille, n. f.

aimant, n. m.

aimer quelqu'un, loc.

aisément, adv.

album, n. m.

alibi, n. m.

alimentation, n. f.

allumer, v.

alors, mot de liaison

amant, n. m.

améliorer (s'), v. pr.

aménagement, n. m.

aménager, v.

amende, n. f.

amour, n. m.

ampleur, n. f.

annonce, n. f.

anorexie, n. f.

anorexique, adj.

antipathique, adj.

anxieux / anxieuse, adj.

appareil fixe, n. m.

appel, n. m.

appeler, v.

applaudir, v.

applaudissement, n. m.

apporter, v.

arme, n. f.

arrestation, n. f.

arrêt de bus, n. m.

arrêter, v.

assassin, n. m.

assassinat, n. m.

assassiner, v.

attachement, n. m.

atteinte, n. f.

attentif / attentive, adj.

augmentation, n. f.

augmenter, v.

auscultation, n. f.

automobile, n. f.

automobiliste, n. m.

avantage, n. m.

avare, adj.

avion, n. m.

avocat, n. m.

avoir du talent, loc.

avoir l'air, loc.

avoir le coup de foudre pour quelqu'un, loc.

avoir sommeil, loc.

avoir une insomnie, loc.

avouer, v.

B

baccalauréat, n. m.

bâiller, v.

baisser le volume, loc.

banane, n. f.

beurre, n. m.

bijou, n. m.

biologique, adj.

bœuf, n. m.

boîte vocale, n. f.

botte, n. f.

boucle d'oreille, n. f.

boulot (fam.), n. m.

bouquet de fleurs, n. m.

bourse, n. f.

bracelet, n. m.

bredouiller, v.

bref, adv.

brillant / brillante, adj.

brocoli, n. m.

brouiller avec quelqu'un (se), loc.

bus, n. m.

C

c'est pourquoi, conj.

calme, adj.

cambriolage, n. m.

cambrioler, v.

cambrioleur / cambrioleuse, n. m. / f.

caméra, n. f.

candidature, n. f.

car, conj.

carburant, n. m.

caritatif / caritative, adj.

carotte, n. f.

casquette, n. f.

cataclysme, n. m.

cause, n. f.

causer, v.

ceinture, n. f.

cellulaire, n. m.

céréale, n. f.

cérémonie, n. f.

certainement, adv.

chaîne, n. f.

chaleureux / chaleureuse, adj.

chanceux / chanceuse, adj.

changement, n. m.

changer, v.

chanter de vive voix / en solo, loc.

chanvre, n. m.

chaotique, adj.

chapeau, n. m.

charme, n. m.

chaussette, n. f.

chausson, n. m.

chef d'orchestre, n. m.

chef-d'œuvre, n. m.

chemise, n. f.

chemisier, n. m.

chic, adj.

choc, n. m.

choquant / choquante, adj.

chorale, n. f.

chorégraphe, n. m. et f.

chorégraphie, n. f.

chou, n. m.

chou-fleur, n. m.

chuchoter, v.

cinéaste, n. m. et f.

cirque, n. m.

clé USB, n. f.

cliquer, v.

cohabitation, n. f.

coiffer (se), v. pr.

coiffeur / coiffeuse, n. m. / f.

coiffure, n. f.

collant, n. m.

collier, n. m.

coloré / colorée, adj.

combattre, v.

combiné, n. m.

comme, conj.

commerce, n. m.

commettre, v.

commissaire, n. m. et f.

communication, n. f.

compagnon / compagne, n. m. / f.

comparaître, v.

compétence, n. f.

complètement, adv.

composer, v.

compréhension, n. f.

concentrer, v.

concert, n. m.

concombre, n. m.

condamnation, n. f.

condamné / condamnée, n. m. / f.

condamner, v.

conducteur / conductrice, n. m. / f.

confiance, n. f.

confidentialité, n. f.

connecter (se), v. pr.

connexion, n. f.

conseiller, v.

consommation, n. f.

consommer, v.

constamment, adv.

consulter, v.

convier, v.

copain / copine, n. m. / f.

correspondant / correspondante,
n. m. / f.

costume, n. m.

coton, n. m.

couche d'ozone, n. f.

coucher (se), v. pr.

coulisse, n. f.

coup de feu, n. m.

couper, v.

couple, n. m.

courriel, n. m.

couscous, n. m.

couteau, n. m.

cravate, n. f.

création, n. f.

créer, v.

crème chantilly, n. f.

crème fouettée, n. f.

crème fraîche, n. f.

cri, n. m.

crier, v.

critique (la personne), n. m. et f.

culinaire, adj.

culpabilité, n. f.

curriculum vitæ, n. m.

D

d'autres, pron. ind.

de mieux en mieux, adv.

de moins en moins, adv.

de pire en pire, adv.

de plus en plus, adv.

débardeur, n. m.

déborder, v.

débrancher, v.

déceler, v.

décerner, v.

décevant / décevante, adj.

déchaîner (se), v. pr.

déchet, n. m.

déclaration, n. f.

déclarer, v.

décolleté, n. m.

décontracté / décontractée, adj.

décrocher, v.

défendre, v.

dégradation, n. f.

dégrader (se), v. pr.

délavé / délavée, adj.

délibération, n. f.

délibérer, v.

demander en mariage, loc.

dénoncer, v.

dénonciation, n. f.

dentelle, n. f.

dérangeant / dérangeante, adj.

dérober, v.

(dés)agréable, adj.

(dés)ordonné / (dés)ordonnée, adj.

(dés)organisé / (dés)organisée, adj.

dessiner, v.

détecteur de mensonge, n. m.

détective, n. m. et f.

détériorer (se), v. pr.

diététicienne, n. f.

diminuer, v.

diminution, n. f.

dioxyde de carbone, n. m.

diplomatique, adj.

diriger un film, loc.

discipline, n. f.

discret / discrète, adj.

disparaître, v.

disparition, n. f.

disputer (se), v. pr.

distrait / distraite, adj.

divorce, n. m.

divorcer, v.

document, n. m.

documentaire, n. m.

domicile, n. m.

donc, conj.

dormir, v.

dossier, n. m.

doute, n. m.

draguer (France), v.

droit d'auteur, n. m.

drôle, adj.

E

éblouissant / éblouissante, adj.

écharpe, n. f.

échec, n. m.

échouer (à), v.

écoute téléphonique, n. f.

écrouler (s'), v. pr.

effacer, v.

effectuer un achat, loc.

effet de serre, n. m.

efforcer (s'), v. pr.

égoïste, adj.

électronique, adj.

éloigner (s'), v. pr.

embaucher, v.

émerveiller (s'), v. pr.

empirer, v.

empreintes digitales, n. f.

emprisonnement, n. m.

emprunt, n. m.

emprunter des livres, loc.

en avoir assez, loc.

en avoir marre, loc.

en avoir ras le bol, loc.

en comparaison à, adv.

en effet, prép.

en ligne, loc.

en raison de, prép.

en voie de disparition, loc.

en vouloir à quelqu'un, loc.

encourageant / encourageante, adj.

endormir (s'), v. pr.

énergique, adj.

énervant / énervante, adj.

énervé / énervée, adj.

enfuir (s'), v. pr.

engrais, n. m.

enlèvement, n. m.

enquête, n. f.

enregistrer, v.

enseigner (à), v.

entendre (s') avec quelqu'un, loc.

entièrement, adv.

entreprise, n. f.

entretenir, v.

entretien, n, m.

envisager, v.

envoyer, v.

époustouflant / époustouflante, adj.

époux / épouse, n. m. / f.

éprouver de l'amour pour, loc.

équilibré / équilibrée, adj.

esclaffer (s'), v. pr.

espace vert, n. m.

espèce, n. f.

espionnage, n. m.

essence, n. f.

éteindre, v.

étoffe, n. f.

étonner (s'), v. pr.

être à l'affiche (le film), loc.

être à la retraite, loc.

être au chômage, loc.

être coupable, loc.

être du genre, loc.

être en congé, loc.

être en forme, loc.

être en ligne, loc.

être fonctionnaire, loc.

être reçu(e), loc.

être vêtu(e), loc.

évanouir (s'), v. pr.

évidemment, adv.

évoquer, v.

exceptionnel / exceptionnelle, adj.

excessif / excessive, adj.

excuser (s'), v. pr.

exiger, v.

exposition, n. f.

F

fabriquer, v.

fabuleux / fabuleuse, adj.

facteur, n. m.

facture, n. f.

faire attention à sa ligne, loc.

faire attention à, loc.

faire de l'exercice, loc.

faire de la scène, loc.

faire des études, loc.

faire des photos, loc.

faire des reportages, loc.

faire du sport, loc.

faire la connaissance de, loc.

faire la critique d'un film / une chanson, loc.

faire la grasse matinée, loc.

faire les soldes, loc.

faire un régime, loc.

faire une demande d'emploi, loc.

fascinant / fascinante, adj.

fastfood, n. m.

fatigue, n. f.

féculent, n. m.

femme, n. f.

fermement, adv.

festin, n. m.

festival, n. m.

fiançailles, n. f. pl.

fiancé / fiancée, n. m. / f.

fiancer (se), v. pr.

fibre, n. f.

fichier, n. m.

fidèle, adj.

fidélité, n. f.

fier (se), v. pr.

fixe, adj.

flirt, n. m.

flirter, v.

fonctionner, v.

fonder, v.

forfait, n. m.

formation, n. f.

formulaire, n. m.

foulard, n. m.

foule, n. f.

fourrure, n. f.

frais / fraîche, adj.

framboise, n. f.

frapper, v.

frisé / frisée, adj.

frivole, adj.

froid / froide, adj.

fromage, n. m.

fruit, n. m.

fuite, n. f.

G

gagner un salaire, loc.

gai / gaie, adj.

garer, v.

gauche, adj.

gaz carbonique, n. m.

généreux / généreuse, adj.

génial / géniale, adj.

gérer sa vie, loc.

goût, n. m.

grâce à, prép.

gras / grasse, adj.

gros / grosse, adj.

grossier / grossière, adj.

grossir, v.

H

habillé / habillée, adj.

habiller (s'), v. pr.

haricot vert, n. m.

hésiter, v.

hold up, n. m.

horloge, n. f.

humanisation, n. f.

hurler, v.

hypocrite, adj.

I

il est vrai que, loc.

image, n. f.

imperméable, n. m.

implorer, v.

imprimante, n. f.

(in)discret / (in)discrète, adj.

incarner un rôle, loc.

indicateur, n. m.

individu, n. m.

indolent / indolente, adj.

infidèle, adj.

innocence, n. f.

inscrire (s'), v. pr.

insecticide, n. m.

inspecteur / inspectrice, n. m. / f.

intéresser (s'), v. pr.

internaute, n. m. et f.

Internet, n. m.

interprétation, n. f.

interprète, n. m. et f.

interpréter un rôle / une chanson, loc.

interroger, v.

interrompre, v.

interview, n. m.

J

jean, n. m.

joindre (se) à un groupe, loc.

jouer à un jeu, loc.

jouer d'un instrument, loc.

jouer la comédie, loc.

juge, n. m. et f.

juré / jurée, n. m. / f.

jury, n. m.

K

kaki, n. m.

kiwi, n. m.

L

label, n. m.

laine, n. f.

lait, n. m.

lancer (se), v. pr.

légendaire, adj.

légume, n. m.

libération, n. f.

libérer, v.

licence, n. f.

licenciement, n. m.

licencier, v.

lien, n. m.

lier (se) d'amitié avec quelqu'un, loc.

lin, n. m.

logiciel, n. m.

loyauté, n. f.

M

maigre, adj.

maigrir, v.

mail, n. m.

maillot de corps, n. m.

maison de disques, n. f.

maître / maîtresse, n. m. / f.

maîtrise, n. f.

(mal)chanceux / (mal)chanceuse, adj.

(mal)honnête, adj.

maladroit / maladroite, adj.

malgré, prép.

mandarine, n. f.

mangue, n. f.

mannequin, n. m. et f.

manque, n. m.

manquer à quelqu'un, loc.

manquer de sommeil, loc.

manteau, n. m.

maquillage, n. m.

maquiller (se), v. pr.

marginal / marginale, adj.

mari, n. m.

mariage, n. m.

lexique

marié / mariée, n. m. / f.

marier (se), v. pr.

marmonner, v.

matière, n. f.

médication, n. f.

méfier (se), v. pr.

meilleur / meilleure, adj.

melon, n. m.

même, adj.

menace, n. f.

mental / mentale, adj.

merveilleux / merveilleuse, adj.

messagerie, n. f.

métro, n. m.

metteur en scène, n. m.

mettre en colère (se), v. pr.

mettre, v.

meurtre, n. m.

meurtrier / meurtrière, n. m. / f.

mieux, adv.

mince, adj.

mobile, n. m.

mocassin, n. m.

mode, n. f.

monter une pièce / un spectacle
de danse, loc.

mouton, n. m.

moyen de transport, n. m.

murmurer, v.

N

naturel / naturelle, adj.

naturellement, adv.

naviguer, v.

nerveux / nerveuse, adj.

nocif / nocive, adj.

notamment, adv.

nourriture, n. f.

nouvelle, n. f.

nuire à, v.

nuisible, adj.

nullement, adv.

numériser, v.

nutrition, n. f.

O

obèse, adj.

obésité, n. f.

obtenir un prix, loc.

occuper (s'), v. pr.

œuf, n. m.

ondulé / ondulée, adj.

opposer (s'), v. pr.

orange, n. f.

ordinateur, n. m.

ordonner, v.

ordre, n. m.

oreille, n. f.

organe, n. m.

origine, n. f.

P

pain, n. m.

pantalon, n. m.

par conséquent, conj.

par contre, adv.

par exemple, loc.

par rapport à, prép.

par suite de, prép.

paraître, v.

parce que, conj.

pardonner, v.

parfum, n. m.

parking, n. m.

parole, n. f.

partage, n. m.

partenaire, n. m. et f.

partir en voyage de noces, loc.

passer au cinéma (le film), loc.

passer des concours, loc.

passif / passive, adj.

pastèque, n. f.

patient / patiente, adj.

peindre, v.

peine, n. f.

pendentif, n. m.

perdre du poids, loc.

perdre la forme, loc.

perdre quelqu'un de vue, loc.

perte, n. f.

petit pois, n. m.

photo, n. f.

photographe, n. m.

pièce à conviction, n. f.

pièce de théâtre, n. f.

plaire, v.

planifier son emploi du temps, loc.

pluie acide, n. f.

plusieurs, pron. et adj.

plutôt, adv.

poignard, n. m.

point, n. m.

poire, n. f.

poisson, n. m.

poivron, n. m.

poli / polie, adj.

policier / policière, n. m. / f.

pollution, n. f.

pomme, n. f.

porc, n. m.

portable, n. m.

porte-parole, n. m. et f.

porter plainte, loc.

porter, v.

poser, v.

posséder, v.

poste (bureau de poste), n. f.

poste (emploi), n. m.

pour, prép.

poursuivre une carrière, loc.

poursuivre, v.

précurseur, n. m.

prendre du poids, loc.

prendre rendez-vous, loc.

prendre une photo, loc.

préparer (se), v. pr.

preuve, n. f.

prévoir, v.

prier, v.

prison, n. m.

problématique, adj.

procès, n. m.

procureur, n. m.

produire, v.

proposer, v.

protection, n. f.

protéger, v.

protéine, n. f.

protester, v.

prouver, v.

provoquer, v.

psychiatrie, n. f.

public, n. m.

puisque, conj.

pull à col roulé, n. m.

Q

quand même, conj.

quelqu'un, pron.

quitter quelqu'un, loc.

R

raide, adj.

raison, n. f.

rayé / rayée, adj.

réalisateur / réalisatrice de film, n. m. / f.

réaliser un film, loc.

réchauffement, n. m.

réchauffer, v.

réconciliation, n. f.

réconcilier (se), v. pr.

recruter, v.

rédiger, v.

réduction, n. f.

réduire, v.

réforme, n. f.

regret, n. m.

remplir, v.

remporter un prix, loc.

rencontrer (se), v. pr.

rendre, v.

réparation, n. f.

réparer, v.

répliquer, v.

réseau, n. m.

réservoir, n. m.

rester en contact avec quelqu'un, loc.

rétorquer, v.

retrouver (se), v. pr.

réussir à, v.

réussite, n. f.

réveil, n. m.

réveiller (se), v. pr.

revenu, n. m.

rêver, v.

revolver, n. m.

ricaner, v.

ridicule, adj.

risque, n. m.

riz, n. m.

roman policier, n. m.

roman, n. m.

rompre avec quelqu'un, loc.

rupture, n. f.

rythme, n. m.

S

saignée, n. f.

sain / saine, adj.

salade, n. f.

salle d'audience, n. f.

santé, n. f.

saumon, n. m.

sauvegarder, v.

scénario, n. m.

scène, n. f.

sculpter, v.

sculpture, n. f.

sédentariser (se), v. pr.

séduisant / séduisante, adj.

sentir (se) bien dans sa peau, loc.

séparer (se), v. pr.

sérieux / sérieuse, adj.

seuil, n. m.

sincère, adj.

site, n. m.

soie, n. f.

soldes, n. m. pl.

sole, n. f.

sommeil, n. m.

somnifère, n. m.

somnolence, n. f.

somnoler, v.

sonnerie, n. f.

sortir avec quelqu'un, loc.

sortir un album / un disque, loc.

souhait, n. m.

source, n. f.

souris, n. f.

sous-titre, n. m.

souvenir (se), v. pr.

spécialiser (se), v. pr.

spectacle, n. m.

sphère, n. f.

sportif / sportive, adj.

stage, n. m.

stagiaire, n. m. et f.

stationnement, n. m.

stationner, v.

stimuler, v.

stress, n. m.

stressé / stressée, adj.

subir, v.

suggérer, v.

suivre, v.

superbe, adj.

supplier, v.

surconsommation, n. f.

surfer, v.

surpoids, n. m.

surtout, adv.

sympathique, adj.

T

tableau, n. m.

tailleur, n. m.

talentueux / talentueuse, adj.

talon, n. m.

tee-shirt, n. m.

teint / teinte, adj.

téléchargement, n. m.

télécharger, v.

téléphone, n. m.

lexique

téléphoner, v.

téléphonie, n. f.

témoigner, v.

témoin, n. m.

température, n. f.

tendresse, n. f.

tension, n. f.

tenue, n. f.

tissu, n. m.

titre, n. m.

tofu, n. m.

tolérance, n. f.

tolérant/tolérante, adj.

tomate, n. f.

tomber amoureux, être amoureux de, loc.

tomber en panne, loc.

tonner, v.

touchant/touchante, adj.

tourner, v.

tout particulièrement, loc.

train, n. m.

traitement, n. m.

traitement de texte, n. m.

traiter l'information, loc.

traiter, v.

tramway, n. m.

tranquille, adj.

travail à temps plein/à temps partiel, loc.

tribunal, n. m.

trier, v.

triste, adj.

trou, n. m.

truite, n. f.

tuer, v.

type (fam.), n. m.

U

uni/unie, adj.

uniformisation, n. f.

unir (s'), v. pr.

utilisateur/utilisatrice, n. m./f.

V

variation, n. f.

varier, v.

veau, n. m.

véhicule, n. m.

verdict, n. m.

vérifier, v.

verser de l'argent à, loc.

veste, n. f.

vêtement, n. m.

viande, n. f.

vidéo, n. f.

vivement, adv.

voir (se), v. pr.

voiture, n. f.

voiture hybride, n. f.

vol, n. m.

volcan, n. m.

voler, v.

voleur/voleuse, n. m./f.

volonté, n. f.

voyage de noces, n. m.

vraiment, adv.

Y

yaourt, n. m.

◼ CRÉDITS PHOTOGRAPHIQUES

PAGE COUVERTURE

Shutterstock

MODULE 1

p. 1, 4, 6, 8, 11, 12, 13, 14, 15, 16 : Shutterstock ; p. 5 :
CORBIS ; p. 10 (à gauche) : *Défilé Jean Paul Gaultier*,
photographe Vlamos, © Mégapress images ; p. 10 (à droite) :
© Anders Ryman / CORBIS ; p. 17, 19 : Photos.com

MODULE 2

p. 21, 24, 25, 26, 28, 29, 32, 33, 34, 35 : Shutterstock ;
p. 30 (A et B) : © Hulton-Deutsch Collection / CORBIS, (C) :
© Genevieve Naylor / CORBIS ; p. 31 : Corel

MODULE 3

p. 39, 41, 42, 43, 46, 48 (à droite), 49 (en bas), 51, 53,
54, 55 : Shutterstock ; p. 48 (à gauche) : © Klein Stephane /
CORBIS SYGMA ; p. 49 (en haut) : iStockphoto ; p. 57 :
Sylvie Blakeley-Dejy

MODULE 4

p. 59 : Photos.com ; p. 61, 63, 65, 69 : Shutterstock ; p. 62 :
iStockphoto

MODULE 5

p. 79, 80, 81, 86, 88, 92, 94 : Shutterstock ; p. 83, 84
(à droite), 85, 89 (à droite), 95, 96 : Photos.com ; p. 84
(à gauche), 89 (à gauche) : iStockphoto

MODULE 6

p. 97, 102, 107, 113 (B et en bas) : iStockphoto ; p. 106,
111, 113 (A, D et E), 114, 115 (en haut et en bas) :
Shutterstock ; p. 108 : © Roger-Viollet / Jean Gabin dans
« Maigret tend un piège » de J. Delannoy. 1958. RV-396118 ;
p. 113 (C) : Photos.com ; p. 116 : © Roger-Viollet /
Publicité pour « Arsène Lupin, gentleman-cambrioleur »
de Maurice Leblanc, en 1907. RV-374617

MODULE 7

p. 117, 118 (Lambert et Bâ), 119, 128, 134 : Shutterstock ;
p. 118 (Trad et Dubois), 120, 122, 129, 131 : Photos.com ;
p. 126 : Simone van den Berg / Alamy

MODULE 8

p. 135, 141, 142, 144, 153 (au milieu et en bas),
154 (fourmi), 155, 156 : Shutterstock ; p. 136 :
© Unimedia / François / ADC / KEYSTONE Press ; p. 137 :
© Rune Hellestad / CORBIS ; p. 139 : iStockphoto ; p. 140,
146, 153 (en haut), 154 (cigale) : Photos.com ; p. 145 :
Corel ; p. 147 : © photographe Kent Hutslar ; p. 148 :
© Crissy Pascual / SDU-T / KPAZUMA / KEYSTONE Press ;
p. 149 : © Apis / Sygma / CORBIS